S0-AVU-198

Elizabeth George Speare

EL ESTANQUE DEL MIRLO

NOGUER Y CARALT
EDITORES

Título original
"The Witch of Blackbird Pond"

© 1958, Elizabeth George Speare

© 1995, Editorial Noguer S.A., Santa Amelia, 22, Barcelona
Para la publicación en lengua española

ISBN: 84-279-3229-4

Traducción de Ana Cristina Werring Millet
Ilustración en la cubierta de Nicholas Angelo

Primera edición: abril 1995

Impreso en España - Printed in Spain
Duplex S.A., Barcelona
Depósito legal: 9589-95

Capítulo Uno

Una mañana de mediados de abril de 1687, el bergantín *Delfín* abandonó el mar abierto y navegó velozmente a través del estrecho hacia la vasta desembocadura del río Connecticut y entró en el puerto de Saybrook. Kit Tyler había permanecido desde el alba en la cubierta del castillo de proa, de pie junto a la baranda, esperando ansiosamente divisar tierra por primera vez después de cinco semanas.

—Allí está la colonia de Connecticut —dijo una voz a su oído—. Has recorrido un largo camino para verla.

Ella alzó la mirada, sorprendida y halagada a la vez. Durante el largo viaje el hijo del capitan le había dirigido escasamente una docena de palabras. Ella se había percatado de su presencia, de su fina y nervuda figura que se balanceaba ágilmente, trepando por el aparejo con una mano sobre la otra, o de sus cabellos color de arena teñidos por el sol cuando inclinaba la cabeza sobre un rollo de cuerda. Su nombre era Nathaniel Eaton, primer piloto, pero su madre le llamaba Nat. Ahora, al verle tan de cerca, Kit se sorprendió al comprobar que, a pesar de su frágil apariencia, su cabeza apenas le llegaba al hombro.

—¿Qué te parece? —le preguntó.

Kit vaciló. No quería reconocer la decepción que le había causado la primera visión de América. El borde desolado de la orilla que rodeaba el puerto gris fue un contraste descorazonador comparado al blanco y verde reluciente que flanqueaba la bahía turquesa de Barbados, su casa. El muro de tierra de la fortificación frente al río estaba desnudo y era horrible, y las casas que había más allá no eran más que unas simples cajas de madera.

—¿Es Wethersfield? —inquirió ella a modo de respuesta.

—Oh, no, Wethersfield está río arriba. Esto es el puerto de Saybrook. Para nosotros, los Eaton, es nuestro hogar. Allá se halla el astillero de mi padre, justo detrás del muelle.

Ella sólo pudo distinguir una hilera de sencillas chozas poco conmovedoras y el centelleo de la madera recién cortada. Ahora su sonrisa de admiración era únicamente una sonrisa de puro alivio. Por lo menos este lugar tan inhóspito no era su destino y probablemente la colonia de Wethersfield tendría un aspecto más acogedor.

—Este año hemos hecho un buen promedio —prosiguió Nat—. Ha sido una travesía agradable, ¿no crees?

—Oh, sí —contestó animada—. Aunque estoy contenta de que haya llegado a su fin.

—Ya —asintió—. Nunca sé qué es mejor, si emprender el viaje o llegar a puerto. ¿Habías viajado en barco alguna vez?

—Sí, únicamente en las pequeñas pinazas[1] de las islas. He navegado en ellas toda mi vida.

Él asintió.

—Fue entonces cuando aprendiste a mantener el equilibrio.

¡Así que él lo había notado! Estaba orgullosa de haber demostrado ser una marinera nata. Por supuesto que no había pasado el viaje quejándose y vomitando como algunos de los pasajeros.

—De todos modos no te asusta ni el viento ni la sal. Por lo menos, no has pasado mucho tiempo bajo cubierta.

—Mientras he podido resistirlo, no —dijo riendo. ¿Acaso él pensaba que alguien se quedaría encerrado en la agobiante cabina por libre elección? ¿Se hubiera atrevido ella a navegar si, antes de reservar el pasaje, hubiera sabido que el azúcar y la melaza de la bodega habían sido pagados mediante un cargamento de caballos de Connecticut, y que todos los vientos del Atlántico no hubieran podido nunca librar el barco de aquel hedor insoportable? —Esto es lo que más me preocupaba de una tormenta —añadió ella—. El pasar cuatro días encerrada bajo llave sin apenas un rayo de luz.

—¿Estabas asustada?

1. Barca de madera de pino de tres mástiles, del siglo XVII. *(N. de la T.)*

—Asustadísima. Concretamente cuando la proa del barco se encabritó de aquella manera y el agua se filtraba por la puerta de la cabina. Pero ahora no me lo hubiera perdido por nada. Fue lo más fascinante que me ha ocurrido.

El rostro de Nat se iluminó de admiración, aunque ésta estaba provocada por el barco.

—*Delfín* es de los resistentes —dijo—. Ha sufrido varios golpes peores que éste —comentó dirigiendo una mirada llena de orgullo hacia las gavias.

—¿Qué ocurre? —preguntó Kit, al percatarse de la repentina actividad que imperaba en cubierta. Cuatro marineros fornidos vestidos con chaquetas azules y con unos pañuelos de vivos colores se apresuraban a guarnecer las barras del cabrestante. El capitán Eaton, en su elegante abrigo azul, daba órdenes a gritos desde el alcázar.

—¿Nos detenemos aquí?

—Hay algunos pasajeros que van a desembarcar —aclaró Nat—. Y para continuar el viaje río arriba necesitamos agua y víveres. Pero ya no hay marea y el viento del oeste sopla demasiado fuerte para que podamos desembarcar. Vamos a anclar aquí y utilizaremos la chalupa para ir a la orilla, lo que significa que debería ir a por los remos. —Partió contoneándose, moviéndose con agilidad y seguridad. Su forma de andar se correspondía con la sonrisa de sus ojos.

Kit vio con consternación a la mujer del capitán entre los pasajeros a punto de desembarcar. ¿Tenía que despedirse tan pronto de la señora Eaton? Ellas dos habían compartido el honor de ser las únicas mujeres a bordo del *Delfín*, y aquella señora mayor se había comportado correcta y agradablemente. Ahora, al captar la mirada de Kit, se acercó apresurada por cubierta.

—¿Abandona el barco, señora Eaton? —le preguntó Kit en un tono melancólico.

—Sí, ¿no te había dicho que os dejaría en Saybrook? No te pongas triste, pequeña. Esto no está lejos de Wethersfield, además nos volveremos a ver.

—¡Pero yo creí que el *Delfín* era su hogar!

—En invierno lo es, cuando navegamos hacia las Indias del oeste. Pero yo nací en Saybrook, y en primavera añoro mi casa y mi jardín. Además, nunca se lo confesaría a mi marido, pero los viajes de verano son tediosos, de un lado a otro, río arriba, río abajo, y prefiero quedarme en casa y ocuparme de mis hortalizas y de mi telar como una buena ama de casa. Después, cuando se acerca noviembre, cuando zarpa hacia Barbados otra vez, entonces ya estoy preparada para acompañarle. Esta es una buena vida, y una de las mejores cosas que tiene es volver a casa en primavera.

Kit echó otro vistazo a la lúgubre orilla. No vio nada en ella que pudiera provocar un brillo de esperanza en los ojos de nadie. ¿Existía quizá un encanto invisible que desde el puerto no se apreciaba? Kit, movida por un impulso, dijo:

—¿Hay sitio en la barca para ir a la orilla con usted? —rogó—. Ya sé que es absurdo, pero tengo América tan cerca por primera vez en toda mi vida ¡que no puedo soportar el no poner los pies en ella!

—¡Qué criatura! —dijo la señora Eaton sonriendo—. A veces es difícil creer que tienes dieciséis años. —La señora Eaton habló con su marido. El capitán frunció el ceño y miró las mejillas sonrojadas por el viento y los chispeantes ojos de la chica, y, encogiéndose de hombros, consintió. Mientras Kit recogía sus pesadas faldas y bajaba gateando por la escalerilla de cuerda que oscilaba, los hombres de la chalupa apartaron amablemente sus fardos para dejarle sitio. Los ánimos de Kit se levantaron como las crestas de las olas en el puerto cuando el bote se apartó del negro casco del *Delfín*.

Al rozar la proa el borde del amarradero, Nat saltó a tierra y asió el calabrote. Alargó el brazo para ayudar a bajar a su madre y luego ofreció una mano firme a Kit para que saltara a tierra por la borda.

De una zancada se encontró con un pie en América. Permaneció allí respirando profundamente el salado aire con olor a pescado y mirando a su alrededor en busca de alguien con quien compartir su emoción. Pero nadie se fijaba en ella. Numerosos hombres y muchachos reunidos en el muelle se acercaron a los tres Eaton y Kit pudo oír cómo se ponían enseguida al corriente de los acontecimientos de los últimos meses. Los otros pasajeros se apresuraban por el muelle en dirección a un camino de tierra que había más allá. Únicamente tres mujeres pobremente vestidas se quedaron deambulando cerca de ella, y, como Kit no podía contener su ansiedad, les dirigió una sonrisa. Y hubiera hablado con ellas si no hubiera sido tajantemente rechazada por sus intensas miradas llenas de curiosidad. Se llevó una mano a sus enredados rizos castaños. ¡Sin guantes, el cabello descubierto y con la piel de la cara enrojecida por el viento y la sal de tantos días debía parecer un esperpento! ¡Pero qué maleducadas eran aquellas señoras mirándola de aquella forma tan insistente! Kit se puso la capucha de su capa roja y se dio media vuelta. La vergüenza era un sentimiento nuevo para ella. En la isla nadie se hubiera atrevido a mirar así a la nieta de Sir Francis Tyler.

Para empeorar todavía más las cosas, América se comportaba extrañamente bajo sus pies. Al avanzar, el muelle se había inclinado y ella había sentido un mareo extraño. Justo a tiempo, una mano la agarró por el codo.

—¡Cuidado! —le advirtió una voz—. Tus piernas todavía no se han acostumbrado a pisar tierra firme. —Los ojos azules de Nat la miraron risueños.

—Se te pasará pronto —le aseguró la madre de Nat—. Katherine, querida, siento que tengas que continuar el viaje sola. ¿Estás segura de que tu tía te estará esperando en Wethersfield? Dicen que a bordo estará la señora Goodwife Cruff. Le voy a pedir que te vigile. —En un abrir y cerrar de ojos se había ido, y Nat, cargando su baúl sobre sus espaldas con un rápido y ágil movimiento, la siguió a lo largo del camino de tierra. Kit se preguntó cuál de aquellas extrañas casas en forma de caja era la que ellos llamaban su hogar.

Se dio la vuelta para observar cómo los marineros cargaban las provisiones en la chalupa. Ya se estaba arrepintiendo de aquel viaje a tierra. En aquel frío muelle de Saybrook nadie le había brindado acogida alguna y agradeció el momento en el que el capitán reunió al grupo para regresar. Aliviada, subió de nuevo a la chalupa. Cuatro pasajeros más embarcaron para el viaje río arriba: un hombre mal vestido con aspecto severo, su mujer y su pequeña y escuálida hija que arrastraba un juguete de madera, y un hombre joven, alto y anguloso, de cara pálida y alargada y de rubios cabellos largos hasta los hombros bajo un sombrero negro de ala ancha. El capitán Eaton, sin hacer ninguna presentación, se dirigió a su lugar en la popa. Los hombres prepararon los remos. Entonces llegó Nathaniel corriendo desde el camino, soltó las amarras y cuando la chalupa se alejó del muelle, saltó con habilidad a su puesto entre los tripulantes.

Se encontraban a mitad de camino cuando repentinamente se oyó un grito de angustia de la niña. Antes de que nadie pudiera evitarlo, la pequeña se había puesto de rodillas y se balanceaba peligrosamente en el borde de la barcaza. Su madre se inclinó hacia adelante y la sujetó por el jersey de lana dándole un tirón hacia atrás y propinándole una bofetada con el revés de la mano.

—¡Mamá, se me ha caído la muñeca! —gritó—, ¡la muñeca que me hizo el abuelo!

Kit veía la pequeña muñeca de madera con los brazos tiesos flotando en las aguas a unos pocos metros.

—¡Qué tonta eres! —le reprendió la mujer—. Después del trabajo que le dio a tu abuelo y lo pesada que te pusiste para que te la hiciera... y en cuanto la tienes, ¡vas y la tiras!

—¡Le estaba enseñando el barco! ¡Por favor, mamá, sálvala, por favor! No la volveré a dejar caer nunca más.

El juguete se alejaba cada vez más de la chalupa como si fuera un tronco inservible flotando en la corriente. Nadie se movió, nadie les prestó la más mínima atencion. Kit no pudo permanecer callada.

—Dé la vuelta capitán —ordenó impulsivamente—. No será difícil rescatarla.

El capitán ni siquiera le dirigió una mirada. Kit no estaba acostumbrada a que la ignorasen de aquella manera y esto la irritó, y, cuando la niña recibió otro bofetón para que dejara de llorar, Kit no pudo contener su cólera. Sin pensarlo ni un segundo, actuó. Se quitó los zapatos bruscamente, se despojó de la capa de lana y se tiró por la borda de cabeza al agua.

El impacto con el agua fría casi provocó que perdiera el sentido. Cuando su cabeza surgió a la superficie, no pudo respirar. Después de unos segundos vio el pedazo de madera flotando e instintivamente dio unas cuantas brazadas y aquel vigoroso movimiento hizo que la sangre volviera a circular por sus venas. Sostenía la muñeca en la mano cuando a pesar de su entumecida mente se dio cuenta de que había habido un segundo chasquido, y al girarse, vio que Nathaniel se encontraba en el agua junto a ella debatiéndose con un patoso chapoteo. Cuando lo adelantó no pudo controlar su carcajada, y con un sentimiento de triunfo ganó la carrera de regreso a la chalupa. El capitán se inclinó para izarla por la borda y Nathaniel trepó detrás de ella sin ayuda alguna.

—¡Qué agua! —dijo sofocadamente—. Nunca pensé que pudiera estar tan fría.

Se sacudió el pelo hacia atrás. Sus mejillas relucían. Pero su sonrisa desapareció al ver las caras de los demás. Todos la miraban con una expresión de horror y estupor e indiscutiblemente de rabia. Hasta el joven rostro de Nathaniel parecía sombrío.

—Debes ser bien tonta para tirarte al río y estropear así tu vestido —dijo la mujer.

Kit hizo un movimiento de cabeza.

—¡Qué importa el vestido! Ya se secará. Además, tengo muchos más.

—Entonces podrías pensar un poco en los demás —le espetó Nat sacudiendo el agua de sus empapados calzones—. Ésta es la única ropa que tengo.

Los ojos de Kit lanzaron destellos.

—¿Por qué te has tirado al agua? No tendrías que haberte molestado.

—Ya puedes estar segura de que no lo habría hecho si llego a saber que sabes nadar.

Kit abrió los ojos desmesuradamente.

—¿Nadar? —repitió burlona—. Mi abuelo me enseñó a nadar en cuanto empecé a andar.

Los demás la miraron con una expresión de sorpresa como si les estuviera tomando el pelo en sus propias narices. ¿Qué le sucedía a esta gente? Mientras los hombres remaban con fuerza, nadie pronunció ni una sola palabra más. Una nube de desaprobación cubrió la mojada cabeza de la chica desprendiendo más frío que una brisa del mes de abril. Kit se sintió deprimida. Se había puesto en ridículo. Cuántas veces le había dicho su abuelo que antes de hacer las cosas debía pensarlas. Se acurrucó bajo su capa roja apretando los dientes para que no castañetearan. El agua goteaba de su enmarañado cabello y se deslizaba en finos y muy fríos hilitos por su nuca. Luego, mirando de reojo de un rostro hostil a otro, Kit halló un poco de alivio. El hombre joven del sombrero negro la estaba mirando con expresión grave, pero de repente, sus labios se torcieron a su pesar y sus ojos se llenaron de una sonrisa tan calurosa y simpática que a Kit se le hizo un nudo en la garganta y tuvo que desviar la vista. Luego, vio que la niña, silenciosamente agarrada a su empapada muñeca, la estaba mirando fijamente con gran admiración.

Dos horas más tarde, vestida ya con un traje limpio de seda verde, Kit se hallaba extendiendo el vestido mojado y la capa roja sobre el soleado tablado de la cubierta para que se secaran cuando sus ojos se fijaron en el negro sombrero, y, levantando la vista, vio como el nuevo pasajero se le acercaba.

—Si usted me lo permite —dijo muy cortésmente quitándose el

sombrero, que descubrió una despejada y elegante frente—, quisiera presentarme. Me llamo John Holbrook y me dirijo a Wethersfield, que, según tengo entendido, también es su destino.

Kit no había olvidado la reconfortante sonrisa allá en la chalupa.

—Me llamo Katherine Tyler —respondió con franqueza—. Voy camino de Wethersfield para reunirme con mi tía, la señora Wood.

—¿Así que Matthew Wood es su tío? Es una persona muy conocida por esta región.

—Sí, pero yo no le he visto nunca, ni a mi tía tampoco. Ni siquiera sé mucho de ella, solamente que era la hermana de mi madre allá en Inglaterra y que era muy guapa.

El hombre pareció confundido.

—Nunca he coincidido con su tía —dijo educadamente—. Ahora la buscaba a usted porque creo que debo pedirle perdón por la forma en que nos hemos comportado esta mañana. Después de todo, usted actuó de buena fe, para devolverle el juguete a la niña.

—Fue una locura, ahora me doy cuenta —admitió Kit—. Siempre estoy cometiendo locuras. Pero a pesar de todo no puedo comprender por qué se enfadaron todos tanto.

Se quedó pensativo.

—Nos asustó, eso es todo. Estábamos convencidos de que se ahogaría delante de nuestros ojos. Fue asombroso ver cómo nadaba.

—Pero, ¿no sabe usted nadar?

Él se sonrojó.

—No sé dar una brazada. Y en el barco, a excepción de Nat, que nació en el agua, nadie sabe nadar, se lo garantizo. ¿En qué parte de Inglaterra le enseñaron una cosa así?

—No, no fue en Inglaterra, yo nací en Barbados.

—¡Barbados! —exclamó—. ¿La isla de los bárbaros de las Antillas?

—No es una isla de bárbaros, es tan civilizada como Inglaterra, con una ciudad famosa y bonitas calles con tiendas. Mi abuelo era el propietario de una de las plantaciones más importantes otorgadas por el rey.

—Entonces, ¿no eres puritana?

—¿Puritana? ¿Quiere decir una cabeza pelada? ¿Uno de esos traidores que asesinaron al rey Charles?

Una chispa de protesta asomó en los suaves ojos grises de John

Holbrook. Empezó a hablar, luego se lo pensó mejor y preguntó cariñosamente:

—¿Se va a quedar aquí en Connecticut?

Kit se sintió incómoda bajo aquella mirada severa. Estaba cansada ya de tanta pregunta.

—¿Vive usted en Wethersfield? —preguntó cambiando de tema. El joven negó con la cabeza.

—Mi hogar está en Saybrook, pero voy a Wethersfield para estudiar bajo la tutela del reverendo Bulkeley. Tengo la esperanza de conseguir una parroquia propia el año que viene.

¡Un clérigo! Debería haberlo imaginado. Hasta su sonrisa tenía un toque de solemnidad, pero incluso mientras lo pensaba se sorprendía del rasgo de humor que denotaban sus finos labios.

—No me cabe la menor duda de que para la buena gente de Wethersfield será usted una sorpresa —dijo suavemente—. Me pregunto qué pensarán de usted.

Kit se sobresaltó. ¿Lo había adivinado? Era imposible que alguien se lo hubiera dicho. Ella había guardado el secreto, no se lo había dicho ni a la mujer del capitán. Antes de que pudiera preguntarle lo que quería decir con eso, le distrajo la visión de Nat Eaton andando rítmicamente por cubierta en dirección a ellos. Sus finas ropas se le habían secado encima, pero la simpática expresión de aquella mañana había sido remplazada por una sonrisa fría y burlona que demostraba muy claramente que el chapuzón no había sido olvidado.

—Señorita Tyler, mi padre me manda buscarla. —Por su tono de voz se diría que era la primera vez que le dirigía la palabra—. Como mi madre ha desembarcado, mi padre cree que será conveniente que coma usted con la señora Goodwife Cruff y su familia.

Kit arrugó la nariz.

—¡Uf! —exclamó—. Con esa cara tan agria me estropeará la comida.

Nat rió por un instante.

—Lo que es seguro es que ella piensa que usted se la va a estropear —respondió—. Ha estado insistiendo a mi padre en que es usted una bruja. Dice que ninguna mujer respetable puede flotar así en el agua.

—¿Cómo se atreve? —dijo en un arranque de cólera tanto por el tono de voz de Nat como por la temida palabra que pronunció a la ligera.

—¿No conoce la prueba del agua? —la mirada de Nat era decididamente sarcástica—. Es una prueba infalible. Lo he comprobado con mis propios ojos. Una verdadera bruja siempre flota. Los inocentes se hunden como piedras.

Era evidente que se estaba vengando de la humillación que había sufrido aquella mañana. Pero Kit se sorprendió al comprobar que John Holbrook no encontraba aquello nada divertido. Todo lo contrario, su joven rostro solemne aún denotaba una expresión más grave que antes.

—De esas cosas no se ríe uno —dijo—. ¿Está hablando en serio la señora, Nat?

Nat se encogió de hombros.

—Se ha enfadado mucho —admitió—. Pero mi padre la ha apaciguado. Él ha estado en Barbados y le ha explicado que allí el agua del mar está siempre templada, y que incluso la gente respetable a veces se baña. Pero eso no importa, señorita Katherine —añadió con una mirada burlona—. Ahora que está usted en Connecticut le aconsejo que se olvide de que sabe usted nadar.

—No hay peligro —dijo Kit encogiendo los hombros—. No me acercaría a vuestro helado río por nada del mundo.

Les había hecho reír a los dos pero, a pesar de su aplomo, Kit se sentía incómoda. Nat, aún con su tono burlón, sin duda le había hecho una advertencia al igual que John Holbrook. Algo extraño rodeaba a este país de América. Algo que todos compartían y parecían comprender menos ella. Kit se sintió un poco tranquilizada cuando John dijo, en otro de sus sorprendentes arrebatos de buen humor:

—Si me lo permite, a la hora de cenar me sentaré junto a usted para asegurarme de que a nadie se le estropee la comida.

Capítulo 2

El *Delfín* tardó nueve días en remontar las cuarenta y tres millas hasta Wethersfield. Desde el momento en que zarparon de Saybrook, todo salió mal, como si el barco estuviera embrujado. Al estrecharse el río, la fresca brisa del mar amainó y a la hora de la puesta del sol, había cesado completamente. Ls velas de combaban silenciosas y el *Delfín* se desplazaba fatigosamente en medio de la corriente. Durante una o dos noches se levantó una ligera brisa momentánea que les llenó de esperanza e hizo avanzar al barco unas cuantas millas para luego volver a caer en la calma. Por la mañana, Kit no podía creer que hubieran avanzado. El denso y oscuro bosque a ambas orillas del río parecía ser siempre el mismo, y, al frente, sólo aparecía un nuevo recodo del río que cada vez la engañaba.

—¿Cómo podéis soportarlo? —preguntó enojada a un marinero pelirrojo que, aprovechando las horas de calma, estaba dando una capa de pintura al delfín de madera tallada de la proa—. ¿Será que en este río nunca sopla el viento?

—Muy raras veces, señora —respondió el marinero con un buen humor indiferente—. Uno se acostumbra. Nos pasamos casi todo el verano aguardando a que sople la brisa tanto a la ida como a la vuelta.

—¿Cuántas veces remonta el río?

—Cada tantas semanas. Hacemos una singladura, a veces a Boston o a Nueva Orleans; allí cargamos la bodega y regresamos a Hartford.

Ahora podía comprender por qué la señora Eaton prefería quedarse en su casa de Saybrook.

—¿Siempre se tarda tanto?

—¿A esto le llama tardar? —replicó el marinero inclinándose para alcanzar la cola del delfín—. Esto no es nada, señora. A veces hemos tardado los mismos días en llegar de Hartford hasta aquí que en ir hasta Jamaica. Pero yo no tengo ninguna prisa. El *Delfín* es mi hogar y yo estoy contento tanto si hay viento como si no lo hay.

Kit estaba a punto de explotar de frustración. ¿De dónde podía sacar la paciencia que a duras penas le había bastado para resistir unas cuantas horas? Y, ¿cómo podía aguantar otra comida en la misma mesa que la señora Goodwife Cruff y su marido que la seguía como una sombra temerosa? Ninguno de los dos había pronunciado una sola palabra amable. Consideraban abiertamente que aquella maldita calma era culpa suya. Y encima, le quitaba el apetito sólo la vista de aquel pequeño y miserable fantasma que tenían por hija, Prudence, a la que no permitían sentarse a la mesa con ellos, sino que tenía que permanecer detrás de su madre y comer, de pie, la escasa porción de comida que le daban. Ella había observado un par de veces que el padre le daba un mendrugo de su plato a escondidas, pero, sin duda alguna, él era un hombre demasiado débil para defenderla de aquella arpía que tenía por mujer.

Nunca había visto una niña tan poco prometedora, pensó Kit, y, sin embargo, no podía apartarla de su pensamiento. Dentro de aquel cuerpecito había una chispa que se negaba a apagarse. Un día, a última hora de la tarde, Kit había visto a la pequeña Prudence, apoyada en la baranda sola, y, al contemplar su mirada melancólica y adorable, se acercó a ella. Estando la una al lado de la otra vieron cómo una grulla alzaba el vuelo desde la playa con un elegante movimiento de sus alas. Ambas siguieron su trayectoria con la mirada, una pausada línea blanca que contrastaba con los oscuros árboles. La niña había emitido un grito apagado de asombro echando la cabeza hacia atrás con un rostro resplandeciente de admiración y deleite. Pero en aquel instante, una seca llamada desde la escotilla la hizo alejarse a toda prisa. Entonces Kit se dio cuenta que desde que habían zarpado no había vuelto a ver la muñeca de madera. ¿Quería decir esto que su precipitada actuación había servido únicamente para que engañaran a la niña y le quitaran el único juguete que poseía?

Ciertamente esta gente de Nueva Inglaterra no sabía olvidar. El capitán Eaton la trataba muy atentamente. Nat permanecía distante, absorto en su mundo masculino de aparejos y velamen. Era sorprendente cómo en un barco tan pequeño se las arreglaba siempre para esquivarla. Las pocas veces que se había cruzado por su camino él le había dirigido una sonrisa indiferente y sus burlones ojos azules habían parpadeado ignorándola.

Si no fuera por John Holbrook, pensó Kit, no podría aguantar más esta situación. Él es el único en este barco que tolera mi existencia. Tampoco le importa el retraso que llevamos. Creo que, en cierto modo, lo agradece.

Kit miró con envidia hacia donde él se encontraba sentado, apoyado contra una mampara, inmerso en la lectura de su grueso tomo marrón. ¿De qué tratarán sus libros? Allí estaba, sentado hora tras hora, tan absorto que, a veces, movía los labios y sus mejillas mostraban dos manchas de rubor como si de aquellas páginas brotara un apasionante secreto. A veces se olvidaba por completo de las comidas. Únicamente cuando había exprimido los últimos rayos de luz de la puesta de sol, y las sombras se aproximaban por el agua cayendo sobre su libro, levantaba la cabeza con desgana y volvía a ser consciente de lo que le rodeaba.

Al llegar este momento, Kit se aseguraba de que aquellos parpadeantes ojos medio ciegos por la lectura se fijaran en su alegre figura vestida de seda cerca de él. Entonces John sonreía, marcaba el punto en el libro y se acercaba a ella. En la suave semioscuridad su altivo porte se relajaba gradualmente hasta llegar a parecer un muchacho ilusionado. Lentamente Kit iba coleccionando los detalles de lo que para ella parecía una historia tremendamente aburrida.

—Me imagino que para el hijo de un curtidor era completamente ridículo pensar siquiera en ir a la Universidad de Harvard —le contaba John—. De mi casa hasta la escuela había seis millas y mi padre no podía prescindir de mí más de un mes al año. Pero él quería que yo aprendiera cosas. Nunca le importaba que por las noches tuviera las velas encendidas muchas horas.

—¿Te refieres a que trabajabas todo el día y estudiabas de noche? ¿Te compensaba?

—Claro que me compensaba —respondió sorprendido por la pregunta—. Me aceptaron en la universidad. Acabé todos mis requerimientos en latín. Me sé el *Accidence* casi de memoria.

—Pero no vas a ir a Harvard, ¿verdad?

Él sacudió la cabeza.

—Hasta esta primavera he tenido la esperanza de que podía ahorrar suficiente dinero. Había planeado recorrer a pie los caminos para atravesar Massachusetts. Pues bien, el Señor no quiso que reuniera el dinero pero ahora, en cambio, me ha abierto otro camino. El reverendo Bulkeley de Wethersfield ha accedido a que sea su alumno. Es un famoso erudito en medicina y teología. No creo que en Harvard hubiera encontrado un profesor más instruido que él.

Aquella conversación tan sincera sobre el dinero había avergonzado a Kit. Su abuelo jamás mencionaba estas cosas. Y ella, raramente había tenido una moneda en la mano, y, durante dieciséis años no se había cuestionado nunca nada acerca de las cosas tan bellas y valiosas que la rodeaban. Aunque en los últimos años había vislumbrado, no sin horror, lo que podía significar vivir sin dinero, hablar sobre ello le daba vergüenza. En su lugar, intentó contarle su niñez y fue como si dialogaran en un idioma completamente distinto. Observó que John se escandalizaba al oírle relatar cómo había crecido en la isla, correteando libre como el viento en un mundo lleno de sol. Para él, las hermosas palmeras y el templado océano color turquesa lamiendo la blanca arena de las playas no significaban nada. ¿Es posible que sus padres no la hicieran trabajar?, insistía.

—Yo no recuerdo a mis padres —le dijo—. Mi padre nació en la isla y lo mandaron a la escuela en Inglaterra. Allí conoció a mi madre y se la llevó con él a Barbados. Sólo vivieron tres años juntos. Los dos se ahogaron en Antigua, en un viaje de placer, y mi abuelo y yo nos quedamos solos.

—¿No había ninguna mujer que la cuidara?

—¡Oh, claro, esclavas! Tenía una ama negra. Pero nunca necesité a nadie más que a mi abuelo. Era...

No tenía palabras para describir a su abuelo. A la luz del atardecer su recuerdo era muy nítido: la suave piel rosada de sus finos pómulos envejeciendo, el perfil aristocrático de su nariz, sus ojos y aquella mirada tan perspicaz y tan amorosa a la vez. Por un momento dudó de la firmeza de su voz.

—Perderle debe haber sido muy duro —dijo John cariñosamente—. Me alegra que tenga una tía a quien acudir.

—Es la única hermana de mi padre —dijo Kit sintiendo que su profundo dolor se aplacaba un poco—. Mi abuelo decía que mi madre nunca dejó de hablar de ella a lo largo de toda su vida y que jamás dejó de añorarla. Su nombre es Rachel, era encantadora y alegre y dicen que podría haber elegido cualquier hombre entre todo el regimiento de su padre. Pero se enamoró de un puritano y se escapó a América sin el consentimiento paterno. Escribió una carta a mi madre desde Wethersfield y a mí me escribe una carta cada año.

—Estará muy contenta de verla.

—He intentado tantas veces imaginarme a tía Rachel —dijo Kit—. El abuelo decía que mi madre era delgada y pálida como yo, pero que tía Rachel era muy bonita. Seguramente debe tener el cabello y los ojos oscuros como yo. Pero, ¿cómo será su voz? Mi madre decía que siempre se estaba riendo.

John Holbrook miró con seriedad a la chica que se encontraba a su lado.

—De esto hace muchos años —le recordó—. No olvide que su tía se marchó de Inglaterra hace mucho tiempo.

Kit percibió de nuevo aquella advertencia intangible que no era capaz de interpretar. Cada día, durante aquella larga espera, se le hacía más difícil deshacerse de aquella sensación de intranquilidad.

La mañana del séptimo día el capitán Eaton recurrió a un truco curioso que John Holbrook llamaba «remontar el río a pie». Dos marineros en un bote se adelantaron un poco llevando con ellos un largo cabo y una pequeña ancla. Remaron hasta que la cuerda no dio más de sí y luego echaron el ancla. En cubierta, la tripulación se alineó. Diez hombres fornidos con el torso desnudo agarraron el cabo e iniciaron una marcha rítmica desde un extremo del barco hasta el otro. Cuando uno de ellos llegaba al final del recorrido, dejaba caer el cabo, corría hacia el otro extremo y volvía a cogerlo al final de la hilera de hombres. Y así, dolorosamente, casi imperceptiblemente, el *Delfín* avanzaba por el agua pulgada tras pulgada. Al cabo de una hora, había llegado hasta el ancla y el bote de remos volvió a avanzar por segunda vez. Una y otra vez, hora tras hora, los hombres hacían avanzar, arrastraban el barco a base de puro músculo y jadeos. El sudor corría por sus brazos y sus hombros.

La agonizante lentitud era más difícil de soportar que la quietud total. Kit se alejó estremecida por la visión de aquellos cuerpos en tensión. Un fuerte sol de primavera caía sobre ellos sin tregua. Ella sacudió inquieta sus propios hombros bajo la seda húmeda que se pegaba a su piel. Bajo aquel tórrido calor, el hedor de los caballos surgía de las profundidades de la bodega como si los animales todavía estuvieran allí. Aquella mañana, el cocinero se había negado a darle a Kit el agua suficiente para darse un baño como Dios manda. Y casi se muere de rabia cuando, justo debajo de ella, se oyó un chapoteo y vio que Nat y otros dos jóvenes se habían aprovechado del tiempo que tomó el bote para alejarse y se hallaban revolcándose en el río como marsopas.

Nat levantó la vista y vio la melancólica mirada de Kit.

—¿Por qué no te tiras al agua? —dijo mofándose.

—Tú me advertiste que no lo volviera a hacer —respondió Kit ingenuamente.

—¿Necesitas una excusa? Pediré socorro y me hundiré. No podrías quedarte ahí y ver cómo me ahogo, ¿verdad?

—Sí, podría —rió Kit a su pesar—. Y además lo haría.

—Pues entonces puedes quedarte ahí y freírte —respondió Nat. Kit, con envidia y alivio al mismo tiempo, le vio chapotear hacia la escalera. Su tono de voz había sido tan amistoso y relajado como el de aquella primera mañana en el puerto de Saybrook.

Para demostrar que el hielo se había roto entre ellos, Nat se le acercó aprovechando la siguiente espera.

—Apuesto a que desearías no haber salido de Barbados —dijo—. Siento haberme burlado de ti.

—¡Cómo te envidiaba! —exclamó ella—. ¡Meterme en el agua y alejarme de este asqueroso barco aunque sólo fuera por un momento!

En una fracción de segundo los azules ojos de Nat se enturbiaron.

—¿Asqueroso, el *Delfín*?

—¡Oh! —rió ella impaciente—. Ya sé que os pasáis el día fregoteando. Pero, ¡este olor a establo...! Mis cabellos estarán impregnados para el resto de mi vida.

La indignación de Nat encontró desahogo en el desdén.

—¡A lo mejor piensas que olería mejor una bodega llena de cuerpos humanos, la mitad de ellos pudriéndose colgados de unas cadenas antes de que nadie supiera que estaban muertos!

Kit retrocedió, no tanto por su tono de voz enfadado como por las repulsivas palabras que él había pronunciado.

—¿De qué estás hablando? ¿Gente ahí debajo en la bodega?

—¿Supongo que nunca te enteraste de que en Barbados había esclavos?

—Claro que lo sabía. En casa tenemos, teníamos, más de cien. ¿De qué otra forma se podía trabajar una plantación?

—¿Cómo crees que llegaron allí? ¿Acaso crees que viajaban desde África en camarotes privados como tú?

Nunca se había parado a pensarlo.

—Y vosotros, ¿no tenéis esclavos en América?

—Sí, para nuestra vergüenza. La mayoría están en Virginia, pero aquí en Nueva Inglaterra hay mucha gente fina como tú que pagan un buen fajo de billetes por carne negra sin preguntar siquiera cómo han llegado hasta aquí. Si mi padre hubiera aceptado traer una carga de esclavos, este verano ya hubiéramos tenido nuestro nuevo queche[1]. Pero nosotros, los Eaton, estamos muy orgullosos de que nuestro barco hieda a caballo pura y simplemente.

Nat se había vuelto a marchar. ¡Qué carácter más quisquilloso! Ella no había querido insultar a su amado barco. ¿Por qué Nat había dado la vuelta deliberadamente a las cosas y había hecho que se pusieran en contra de ella? Él había estado a punto de conquistar su amistad. Ahora, seguramente el viaje llegará a su fin antes de poder hablar con él otra vez. Y, ¿por qué se preocupaba por aquel marinero mal educado con la cara pecosa que prestaba más atención a un pedazo de vela que a un vestido de brocado? Por lo menos, John Holbrook sabía tratarla respetuosamente.

Pero ni siquiera a John Holbrook le caía ella bien del todo. Siempre le sorprendía con sus cosas. Ayer noche, por ejemplo, había cogido impulsivamente el tomo que él sostenía, lo había abierto por la página señalizada, y, escrudiñando curiosamente las palabras bajo la tenue luz, había leído en voz alta:

—«En primer lugar, tenemos que aprender que hay un tiempo fijado y estipulado por Dios para que el Diablo tenga un dominio sobre nuestro pecaminoso y por lo tanto desconsolado mundo. Hacia el final de este tiempo el descenso del Diablo encolerizado contra el Mundo producirá más desconsuelo que el que ha existido en otros tiempos. Las ansias de Muerte del Diablo le harán ser más Diablo que nunca...»

—¡Jesús! —exclamó Kit arrugando la nariz—. ¿Es esto lo que lee

1. Embarcación de un solo palo. *(N. de la T.)*

21

durante todo el día? —levantó la vista y vio que él la estaba mirando a su vez fijamente.

—¿Sabe leer esto? —preguntó con la misma sorpresa que le había invadido cuando ella pudo demostrar que sabía nadar—. ¿Cómo aprendió a leer si dice usted que se pasaba el día correteando como una salvaje y que no trabajó nunca?

—¿A leer le llama usted trabajo? No recuerdo cómo aprendí. Cuando hacía demasiado calor para jugar, mi abuelo me llevaba a su biblioteca oscura y fresca y me leía pasajes de sus libros en voz alta, y, después, me sentaba a su lado y mientras él estudiaba, yo leía.

—¿Qué clase de libros? —preguntó John incrédulo.

—¡Oh!, libros de historia, poesía y obras de teatro.

—¡*Obras de teatro!*

—Sí, las obras de teatro eran lo mejor. Algunas maravillosas de Dryden y Shakespeare, y también de Otway.

—¿Y su abuelo permitía que una niña como usted leyera estas cosas?

—Aquellas obras de teatro eran preciosas. ¿Las ha leído?

Las pálidas mejillas de John se sonrojaron.

—En Saybrook no hay libros así. Quizá en Boston sí. Pero el correcto empleo de la lectura es el de mejorar nuestra naturaleza pecadora y llenar nuestro espíritu de la santa palabra de Dios.

Kit se lo quedó mirando. Recordó a su abuelo, con sus manos cubiertas de azuladas venas acariciando las tapas de cuero de sus libros, y estaba segura de que no los acariciaba pensando en mejorar su naturaleza pecadora. Podía imaginar el brillo que hubieran despedido sus ojos al oír aquellas palabras tan solemnes. Pero a pesar de todo, el tono de reproche de John la había molestado. De alguna manera, percibió que John siempre se retraía y no estaba cómodo ante esta amistad que estaba naciendo entre ellos. Y ella también se sentía a menudo angustiada por aquella dureza que se escondía bajo su voz y su aspecto cariñoso. Ahora comprendía que no podía hablarle de aquellos libros que le habían gustado tanto ni tampoco hacerle ver las brillantes palmeras balanceándose bajo el resplandeciente cielo azul.

A la mañana siguiente, una brisa llegó silbando por el río. El *Delfín* resucitó. Recorrió velozmente las últimas millas y fue a topar contra el muelle del desembarcadero de Wethersfield. La orilla, envuelta en gruesas capas de niebla flotante, aparecía casi idéntica a las infinitas millas y millas de bosque que habían visto durante la última semana.

Los marineros empezaron a hacer rodar vigorosamente los barriles de melaza y a amontonarlos a lo largo del muelle. Otros dos hombres descargaron los siete pequeños baúles de piel que contenían todas las pertenencias de Kit y los apilaron, uno junto al otro, sobre los mojados tablones. Kit descendió por la escalerilla y por segunda vez puso los pies sobre la desconocida orilla que iba a ser su futuro hogar.

El corazón le dio un vuelco. ¿Era esto Wethersfield? ¿Una estrecha franja de arena y unos pocos pilares clavados en el río con unos burdos tableros como plataforma? A través de la niebla surgía una hilera de inhóspitas estructuras de madera que debían ser unos almacenes, y, más allá, el denso y chorreante verdor de los campos y bosques. Ni una ciudad, ni una sola casa, únicamente unos cuantos hombres y niños y dos perros que ladraban dando la bienvenida al barco. Kit, sumida en una especie de terror, observó cómo la señora Goodwife Cruff descendía por la escalerilla y caminaba delante de su marido a lo largo del muelle. Al pasar, Prudence, arrastrada por la mano de su madre, miró hacia atrás con una expresión suplicante.

—Mamá —se aventuró a decir tímidamente—. ¡Aquella señorita tan guapa ha bajado en Wethersfield!

Kit tuvo la osadía de dirigirle la palabra.

—Sí, Prudence —dijo con claridad—. Y espero poder verte a menudo.

La señora Goodwife Cruff se detuvo y fulminó a Kit con la mirada.

—Le agradecería que dejara en paz a la niña —le espetó—. En este pueblo no queremos gente extraña y menos como usted. —Y tirando de la mano de Prudence hasta casi hacerle perder el equilibrio, salió caminando con firmeza por la carretera de tierra y desapareció en la niebla.

Hasta la despedida de John fue fría. Se inclinó cortésmente, le deseó una feliz llegada y también se alejó adentrándose ansiosamente en la niebla en busca de su nuevo profesor. Entonces Kit vio cómo se le acercaba el capitán Eaton y comprendió que había llegado el momento de decir la verdad.

—Debe de haber algún error —empezó diciendo el capitán—. Ayer enviamos el mensaje informando que arribábamos a Wethersfield al amanecer. Esperaba que sus tíos vinieran a recogerla aun siendo muy temprano.

Kit tragó saliva y reunió todo su valor.

—Capitán Eaton —dijo atrevidamente—. A mis tíos no se les puede culpar por no haber venido a recogerme. Verá usted, bueno, para ser sinceros, ellos ni siquiera saben que estoy aquí.

El capitán apretó la mandíbula.

—Usted me dio a entender que sus tíos la habían reclamado.

Kit irguió la cabeza orgullosamente.

—Le dije que me querían —le corrigió—. La señora Wood es la hermana de mi madre. Ella deseaba que yo viniera, naturalmente.

—Aun asumiendo que esto fuera verdad, ¿cómo puede usted estar segura de que todavía están aquí en Connecticut?

—La última carta de mi tía Rachel llegó hace tan sólo seis meses.

El capitán, molesto, frunció el ceño.

—Usted sabe muy bien que si yo hubiera tenido conocimiento de ello no le habría dejado subir a bordo. Ahora tendré que tomarme un tiempo para encontrar a sus tíos y depositarla en su casa. Pero comprenda que no voy a aceptar ninguna responsabilidad respecto a su venida a Connecticut.

Kit irguió aún más la cabeza.

—Yo soy plenamente responsable de mi llegada aquí —le aseguró con arrogancia.

—Está bien —respondió el capitán secamente—. Oye, Nat —dijo volviéndose—, mira a ver si puedes echar una mano y descargar este equipaje.

Las mejillas de Kit se ruborizaron. ¿Por qué Nat, que durante los últimos nueve días había desaparecido del todo, estaba disponible en estos momentos? ¿Cuál sería ahora el acontecimiento que Nat iba a presenciar con aquellos burlones ojos azules y aquella expresión divertida y tan cautivadora? ¿Qué pasaría si la tía Rachel...? Pero ya no quedaba tiempo para pensar. Kit ya estaba suficientemente preocupada intentando mantener la cabeza bien alta y al mismo tiempo buscando un lugar donde posar sus elegantes zapatos entre la herrumbre resbaladiza y los charcos de barro.

Capítulo 3

Junto con sus bonitos zapatos, el ánimo de Kit se fue hundiendo a cada paso que daba. Se había aferrado a la esperanza de que tras aquella oscura franja de árboles se ocultara el pueblo que ella había imaginado. Pero a medida que avanzaban por el camino de tierra flanqueado por extensos y áridos campos, sus esperanzas se desvanecían. Wethersfield no era un pueblo sino un simple núcleo rural mucho más solitario y triste que Saybrook.

Un hombre vestido con un abrigo de cuero y calzones de montar a caballo tiraba de una vaca por el camino. Se detuvo para mirarlos, e incluso la vaca denotaba una expresión de sorpresa. El capitán Eaton aprovechó la ocasión para informarse por el camino a seguir.

—¡La calle mayor! —dijo el hombre señalando con su mellado bastón. La casa de Matthew Wood es la tercera después de la casa comunal.

¡La calle mayor! ¡Aquello no era nada más que un camino de cabras! Los zapatos de Kit estaban completamente mojados y los empapados volantes de su vestido golpeaban contra sus tobillos. Se hubiera levantado las faldas para caminar sobre la hierba alta si no hubiera sido porque una nueva sensación de timidez se lo impidió. Era consciente de cada zancada del joven que iba detrás de ella con un pequeño baúl en cada hombro manteniendo el equilibrio.

Al ver la casa de su tío sintió un poco de alivio. Por lo menos, comparada con las otras casas que habían visto al pasar, ésta gozaba de un aspecto sólido y respetable. Una casa de dos pisos y medio que se erguía graciosa y bien proporcionada con las ventanas de cristal emplomado y la madera de las tablillas bronceadas de un gris plateado.

El capitán levantó la aldaba de hierro y la dejó caer con un golpe seco cuyo eco retumbó en las profundidades del estómago de la chica. Por un momento se quedó sin respiración. Luego, la puerta se abrió y una mujer delgada y con el cabello gris se plantó bajo el umbral de la puerta. Se podía ver que se trataba de una sirvienta y Kit se impacientó al ver que el capitán se quitaba el sombrero diciendo cortésmente:

—¿Tengo el honor de dirigirme a...?

Pero la mujer casi no le oyó. Su mirada estaba puesta en la chica que se encontraba detrás del capitán y su rostro palideció de repente. Con una mano se agarró al marco de la puerta.

—¡Margaret!

Esta palabra no fue más que un susurro. Las dos mujeres se miraron por un instante. Entonces, Kit comprendió.

—¡No, tía Rachel! —dijo emocionada—. ¡No te asustes, soy Kit! ¡Soy la hija de Margaret!

—¿Kit? Quieres decir... ¿Katherine Tyler? Por un momento he pensado... ¡Oh!, mi querida niña, ¡qué alegría!

De pronto, el afecto y la alegría inundaron su pálido rostro de tal forma que Kit se sobrecogió. Sí, aquella extraña mujer era sin duda la tía Rachel, la misma que en una ocasión, mucho tiempo atrás, debía haber sido una bellísima mujer.

El capitán Eaton carraspeó para aclarar su garganta.

—Bueno —dijo—. Me alivia pensar que todo haya salido bien. ¿Qué quiere que haga con el equipaje, señora?

Por primera vez Rachel Wood se fijó en los tres hombres que acarreaban los baúles.

—¡Dios mío! —exclamó—. ¿Todo esto es tuyo, chiquilla? De momento pueden dejarlos ahí y ya le preguntaré a mi marido lo que hay que hacer con ellos. ¿Puedo ofrecerles a usted y a sus hombres algo para desayunar?

—Gracias, pero no tenemos tiempo que perder. Adiós, señorita. La comunicaré a mi esposa que ha llegado usted sana y salva.

—Perdone las molestias que le he causado —dijo Kit con sinceridad—. Muchas gracias a todos.

Dos de los tres marineros ya habían emprendido el camino de

regreso pero Nat permanecía todavía junto a los baúles y miraba a Kit. Cuando los ojos de ambos se encontraron algo vibró entre los dos, un enigma que de pronto se convirtió en pesar. Pero todo se desvaneció antes de que ella pudiera alcanzarlo, y el destello burlón había vuelto a invadir los ojos de Nat.

—Recuerda —dijo en voz baja—. Sólo flotan los culpables. —Y diciendo esto, se alejó.

La puerta de la casa de Matthew Wood comunicaba con un corto pasillo de donde nacía una empinada escalera. Cruzando la segunda puerta Kit entró en una gran cocina de aspecto muy acogedor. En la chimenea, que ocupaba la mitad de una parte de la habitación, chisporroteaba un vivo fuego proyectando reflejos de luz contra las paredes pintadas de color crema. La madera pulida y el estaño bruñido emitían igualmente destellos.

—¡Matthew! ¡Niñas! ¡Ha ocurrido algo maravilloso! Aquí está Katherine Tyler, la hija de mi hermana Margaret. ¡Ha venido de Barbados!

Desde una sencilla mesa de madera, tres personas la estaban mirando. Luego, desde la silla presidencial, un hombre se levantó estirando su anguloso cuerpo y se acercó a ella.

—Bienvenida, Katherine —dijo en un tono grave al tiempo que le cogía la mano entre sus huesudos dedos. Kit no percibió la mínima señal de bienvenida ni en aquellos finos y severos labios ni en aquellos oscuros ojos bajo unas canosas y pobladas cejas que la miraban con feroces destellos.

Detrás de él una chica se levantó de un salto y se acercó.

—Ésta es tu prima Judith —dijo su tía.

Kit respiró aliviada. El rostro de Judith reflejaba todos los exquisitos detalles del retrato que Kit había imaginado de su tía. Una piel blanca y transparente, unos ojos azules abrigados por unas largas pestañas, un cabello negro que se rizaba sobre sus hombros y la inclinación arrogante de su pequeña y perfecta barbilla. ¡Esta muchacha hubiera podido ser la heroína de un regimiento!

—Y ésta es tu otra prima Mercy. —Se había levantado más lentamente y, al principio, Kit sólo pudo contemplar los ojos más extraordinarios que jamás había visto, grises como la lluvia en el mar, grandes, claros y llenos de luz. Luego, a medida que Mercy avanzaba con un hombro espantosamente hundido y deformado, Kit se dio cuenta de que caminaba apoyada sobre unas muletas.

—¡Qué maravilloso! —dijo Mercy con una voz tan llamativa como sus ojos—. ¡Verte después de tantos años, Katherine!

—¿Te importa llamarme Kit? —La pregunta sonó algo abrupta. Kit era como la llamaba su abuelo, y algo en la sonrisa de Mercy la había transportado directamente al otro lado del golfo haciéndole sentir la necesidad de oír su nombre pronunciado así.

—¿Has desayunado?

—Me temo que no. Ni siquiera he pensado en ello.

—Entonces estás de suerte, ya que esta mañana comemos con retraso —dijo su tía—. Dale la capa a Judith. Ven, acércate al fuego, querida, llevas la falda empapada.

Kit echó hacia atrás su capa de lana. La mano de Judith cayó desmayada.

—¡Dios mío! —exclamó—. ¿Te has puesto este vestido para *viajar*?

Kit, deseosa de causar buena impresión, había escogido este vestido con esmero, pero allí, dentro de aquella sencilla habitación, parecía demasiado elegante. Las otras tres mujeres llevaban una especie de vestimenta indefinible hecha de un burdo material gris. Judith colocó cuidadosamente la capa sobre un banco y después alargó el brazo para tocar el guante de Kit.

—¡Qué bordado más bonito! —dijo llena de admiración.

—¿Te gustan mis guantes? Si quieres te regalaré unos iguales. Dentro del baúl tengo varios pares.

Judith entornó los ojos. Rachel Wood estaba preparando un tazón y una cuchara junto a un plato de madera sin pulir.

—Siéntate aquí, Katherine. El fuego te calentará la espalda. Explícanos a qué se debe que hayas venido desde tan lejos. ¿Tu abuelo está contigo?

—Mi abuelo murió hace cuatro meses —explicó Kit.

—¡Oh!, ¡pobre criatura! ¡Te quedaste sola en la isla! ¿Quién ha venido contigo entonces?

—He venido sola.

—¡Enhorabuena! —exclamó su tía, maravillada—. Bueno, estás aquí sana y salva. Come un poco de pan de maíz, querida. Lo hicimos ayer. También tenemos mantequilla fresca.

Sorprendentemente, el pan estaba delicioso a pesar de que Kit nunca había comido nada de tan áspera textura. La niña se llevó el tazón de estaño a los labios con aire sediento, pero lo dejó bruscamente de nuevo sobre la mesa.

—¿Es *agua*? —preguntó educadamente.

—Claro, la hemos traído fresca esta mañana de la fuente.

¡Agua! ¡Para *desayunar*! Pero el pan de maíz estaba bueno y a pesar de la sequedad de su lengua se comió otro trozo.

Rachel Wood no podía apartar los ojos del joven rostro que se hallaba frente a ella y a cada rato sus ojos se inundaban de lágrimas.

—¡Te pareces tanto a ella que no me lo puedo creer! Pero, sin embargo, también tienes algo de tu padre. Se descubre al mirarte más detenidamente.

—¿Recuerdas a mi padre? —preguntó Kit ansiosa.

—Lo recuerdo muy bien. Era un joven muy apuesto, a Margaret no se le podía echar en cara haberse casado con él. Pero cuando se fue tan lejos, me partió el corazón.

Pero Rachel se había ido aún más lejos. ¿Qué podía haber visto en aquel hombre silencioso y serio para alejarse así de Inglaterra? ¿Quizá su belleza? Quizá aquella nariz aristocrática y su despejada frente. Pero, ¡era tan siniestro!

Matthew Wood no había vuelto a sentarse a la mesa con los demás y, aunque no había hablado, Kit se dio cuenta de que no se le había escapado nada a pesar de su expresión ceñuda. Ahora estaba descolgando una chaqueta de cuero de un gancho de la pared e introduciendo sus largos brazos por las mangas.

—Voy a estar trabajando en el prado de la parte sur —le dijo a su mujer—. Será mejor que no me esperes hasta la puesta del sol.

Sin embargo, se detuvo junto a la puerta y los miró a todos.

—¿Qué es todo esto? —preguntó fríamente.

—¡Oh! —dijo Kit poniéndose rápidamente de pie—. Me había olvidado. Son mis baúles.

—¿Tuyos? ¿Siete baúles? ¿Qué demonios puede haber ahí dentro?

—Pues, mis vestidos y algunas cosas del abuelo.

—¿Siete baúles llenos de ropa para venir desde Barbados hasta aquí sólo de visita?

Aquellas palabras medidas y pronunciadas con frialdad cayeron en la silenciosa habitación como un alud de piedras. La garganta de Kit estaba tan seca que ahora necesitaba beber agua urgentemente. Levantó la barbilla y miró directamente al fondo de aquellos terroríficos ojos.

—No he venido de visita, señor —respondió—. He venido para quedarme con ustedes.

Rachel tosió para aclarar su garganta. Matthew Wood se apresuró a cerrar la puerta intencionadamente y se acercó de nuevo a la mesa.

—¿Por qué no nos has escrito antes?

A lo largo de toda su vida, cuando el abuelo le preguntaba algo, esperaba una respuesta concreta. Ahora, con este hombre severo, tan distinto de su abuelo, mirándola de frente, Kit intuyó que también debía ser directa, y, con un respeto instintivo, formuló la única respuesta honrada que fue capaz de encontrar.

—No me atreví a escribir —dijo—. Tuve miedo de que no me dejarais venir y yo tenía que hacerlo.

Rachel se inclinó para poner una mano sobre el brazo de la chica.

—Si lo necesitabas, nosotros no nos hubiésemos negado —dijo el tío—, pero no se puede dar un paso así sin antes considerarlo detenidamente.

—Matthew —protestó Rachel tímidamente— ¿qué es lo que tenía que considerar? Somos los únicos familiares que tiene. Ya hablaremos de esto más tarde. Ahora Katherine está cansada y tú ya te has retrasado bastante.

Matthew Wood arrastró una silla y se sentó pausadamente.

—El trabajo tendrá que esperar —dijo—. Es mejor que aclaremos este asunto de una vez por todas. ¿Cómo fue que zarpaste sola?

—Había un barco en el puerto que por lo visto era de Connecticut. Debería haber escrito pero a lo mejor hubiera tenido que esperar meses hasta la llegada de otro barco. Así que en lugar de escribir, decidí venir.

—¿Quieres decir que, movida por un impulso, dejaste tu país y navegaste por medio mundo?

—No, no fue exactamente un impulso. Verá, yo ya no tenía un hogar donde vivir.

—Y, ¿qué hay de los bienes de tu abuelo? Siempre oí decir que era un hombre rico.

—Me imagino que en un tiempo fue rico. Pero hacía mucho que no se sentía bien. Creo que hacía años que las plantaciones iban mal, pero nadie lo sabía. Cada vez dejaba más cosas en manos del capataz, un hombre llamado Bryant. El invierno pasado Bryant vendió toda la cosecha y luego desapareció. Seguramente regresó a Inglaterra en el barco de carga. El abuelo no podía creerlo. Después de esto, nunca se recuperó. Los demás dueños de las plantaciones eran sus amigos y nadie le presionó. Pero, después de su muerte, todo eran deudas. Allá donde fuera, todo deudas.

—¿Las pagaste?

—Sí. Todas. Tuve que vender la tierra, la casa y los esclavos y todos los muebles de Inglaterra. No quedó nada, ni siquiera para comprar mi pasaje. Para obtenerlo, tuve que vender a mi negrita particular.

—¡Bah! —se limitó a exclamar Matthew ante el sacrificio de la pequeña esclava africana que había sido la sombra de la chica durante doce años, sacrificio sólo un poco menos doloroso que la pérdida de su abuelo. Hubo un extraño silencio. Kit cruzó una mirada con Mercy y en ella encontró apoyo, gracias a la simpatía que reflejaban sus ojos. Luego, su tía se acercó para rodearle el hombro con el brazo.

—¡Pobre Katherine! Debe haber sido terrible para ti. Has hecho muy bien en venir a nuestra casa. ¿No te parece que ha hecho bien, Matthew?

—Sí —asintió su esposo rudamente—. Me imagino que hizo bien, puesto que somos los únicos parientes que le quedan. Entraré el equipaje.

Cuando estuvo junto a la puerta, se volvió otra vez.

—Tengo entendido que tu abuelo era monárquico, ¿verdad?

—Sí, era monárquico, señor. Aquí en América, ¿no son ustedes súbditos del rey James?

Matthew Wood salió de la habitación sin responder. Entró y salió siete veces encorvando su alta figura para traspasar la puerta, y, con muda desaprobación, depositó siete baúles, uno detrás del otro, que ocuparon toda la parte posterior de la habitación.

—¿Dónde demonios vamos a ponerlos? —dijo la tía con voz temblorosa.

—Más tarde les buscaré un sitio en la buhardilla —dijo su marido—. ¡Siete baúles! Antes de que anochezca, el pueblo entero no hablará de otra cosa.

Capítulo 4

Al cerrarse la puerta detrás de él, el cargado ambiente de la habitación se fue disipando gradualmente, Rachel se dirigió ligera hacia la mesa y empezó a envolver en una servilleta limpia los restos del pan de maíz.

—Antes de nada —dijo— tengo que llevarle esto a la viuda Brown. Todavía está demasiado débil para valerse por sí misma. Perdona que me marche, Katherine, pero volveré en seguida.

—Sí, enseguida —repitió Judith amargamente cuando su madre desapareció entre las brumas de la mañana—. Será después de que haya encendido el fuego, haya preparado unas gachas y haya limpiado toda la cabaña. Y después, en casa, le espera más de un día de trabajo.

—Venga, Judith —le reprendió suavemente Mercy—. ¿Qué otra cosa puede hacer? Sabes muy bien que las Sagradas Escrituras nos dicen que debemos socorrer a los pobres y a las viudas.

—Ninguna Escritura dice que sea sólo nuestra madre la que tenga que cuidarla —replicó Judith—. Se agota detrás de gente como la viuda Brown, y sinceramente, Mercy, si madre estuviera enferma, ¿crees que alguien movería un dedo para ayudarla?

—Estoy segura de que lo harían —respondió Mercy prontamente—. Además, ésta no es la cuestión. Judith, menuda mala impresión va a sacar Kit de nosotras, y, sea como sea, más vale que empecemos el trabajo que nos está esperando aquí mismo.

Judith no se movió. Su atención se había desviado otra vez hacia la fila de baúles.

—¿Quieres decir que todos estos baúles están llenos de vestidos como el que llevas puesto?

—Bueno, vestidos, enaguas, zapatillas y cosas así. Vosotras también tenéis estas cosas, ¿no?

La carcajada de Mercy era como una cascada de plata.

—¡Claro que no las tenemos! ¡Ni siquiera podemos imaginarlas!

—Yo sí que puedo —dijo Judith—. Yo he visto a las mujeres de Hartford. Kit, ¿cuánto vas a tardar en abrirlos?

—Si queréis, ahora mismo —dijo Kit de buena gana.

Mercy se alarmó.

—¡Judith! ¿Qué pensará nuestra prima de nosotras? Además, hay mucho trabajo que hacer.

—¡Oh, Mercy, siempre hay trabajo!

—No sé —dijo Mercy dudosa—. Nuestro padre dice que al Señor no le gusta la holgazanería. Pero, por otra parte, el Señor no nos manda una prima nueva cada día. A lo mejor nos perdonará si nos divertimos un poco.

—¡Vamos, Kit! ¡Enséñanos tus cosas! —exhortó Judith aprovechando la vacilación de su hermana. Kit estaba deseosa de complacerlas. En cuanto el primer baúl fue abierto desapareció toda la tensión del ambiente. Kit no había tenido la oportunidad de conocer a muchas chicas de su edad. Su propia impaciencia creció al observar las dos caras también impacientes junto a la suya. ¡Resulta divertido que unos pocos vestidos pudieran causar tanto alboroto! Kit sintió una oleada de generosidad que la estimulada en sumo grado.

—¡Imagínate! —gritó Judith agitando un precioso traje de seda transparente—. ¡Tiene cinco cortes en las mangas! Nuestro sacerdote predica que no hay que llevar cortes en las mangas y nuestro padre ni siquiera nos dejaría llevar uno. ¡Cuántas cintas y lazos! Y, ¡oh, Kit, unas enaguas de satén rojo!, ¡qué bonitas!

—Aquí están los guantes —dijo Kit abriendo una caja—. Mira, un par como el mío, Judith, y otro para ti, Mercy. *Por favor*, os pido que lo aceptéis.

Antes de que acabara la frase, Judith ya los tenía puestos y los miraba alargando sus finos brazos. Mercy los acarició suavemente con los dedos y los dejó en un lado de la mesa. Luego, Judith se lanzó sobre los vestidos.

—Pruébatelo —sugirió Kit al ver que Judith no podía apartar los ojos de un vestido de seda azul pavo real. Judith no necesitó que se lo repitieran dos veces y, dejando caer al suelo sin ninguna vergüenza su falda hecha a mano, introdujo la cabeza por los brillantes pliegues del traje.

—Te va perfecto —exclamó Kit—. ¡Hace que tus ojos parezcan verdes!

Judith se dirigió de puntillas hacia un pequeño y oscuro espejo colgado en la pared encima de la cómoda. Judith, con aquel vestido, quitaba verdaderamente la respiración y no necesitaba mirarse al espejo para comprobarlo.

—¡Oh, si William me viera con este vestido! —exclamó sin hacer caso de las protestas de Mercy.

Kit rió encantada.

—Pues bien, tuyo es, Judith. Está hecho para ti. También tengo un tocado con lazos que hace conjunto. A ver... ¿dónde lo he puesto? ¡Aquí! Y ahora, ¿cuál escogemos para Mercy?

—¡Dios mío! ¿Qué utilidad puedo darle yo a estas cosas? —dijo Mercy riendo—. Yo no voy casi nunca a la iglesia.

Kit, apenada, dudaba. Pero los ojos de Judith se habían fijado en un chal de lana azul y Kit lo cogió apresurada.

—Esto es perfecto para Mercy —exclamó.

Kit desdobló el delicado chal inglés y lo posó sobre los hombros de Mercy.

—¡Oh, Kit! ¡Qué bonito! ¡Nunca había tocado nada tan suave! Es como la piel de un gatito. —La expresión del rostro de Mercy iba del deleite a la protesta—. No puedo aceptar una cosa tan bonita.

Judith estaba de nuevo frente al espejo.

—¡Imagínate cuando entre en la iglesia vestida así el domingo por la mañana! —dijo con un gritito—. Habrá unos cuantos que no oirán ni una palabra del sermón.

—¡Pero niñas! ¿Qué demonios estáis...? —Rachel Wood había regresado sin que las chicas se dieran cuenta, y ahora estaba de pie mirando fijamente a su hija vestida con el traje azul pavo real algo ansiosa y enfadada a la vez.

—¡Oh, madre! ¡Mira lo que me ha regalado Kit! —gritó Judith.

—Ya lo veo —dijo su madre tartamudeando—. Judith, pareces... ¡casi no te reconozco!

—Tendrías que reconocerla, tía Rachel —dijo resuelta Kit—.

Porque tú debías ser exactamente así. Lo sé porque el abuelo me dijo lo guapa que eras.

Las dos chicas miraron a su madre sorprendidas. Rachel parecía confundida.

—Una vez tuve un vestido de este mismo color —dijo con lentitud.

Kit se zambulló en el baúl.

—Ponte esto, tía Rachel —le animó zalamera—. ¿Ves? Se abrocha así, debajo de la barbilla. ¡Oh, es perfecto! Ve a mirarte en el espejo.

Rachel se alejó del espejo sonrojada de vergüenza. Bajo el pequeño gorro adornado con cintas su rostro había rejuvenecido de unos cuantos años. Sus dos hijas miraban incrédulas sus brillantes ojos y su trémula sonrisa.

—¡Oh, madre¡ ¡Póntelo el domingo, prométenos que te lo pondrás! —exclamaron.

Pero de pronto el color de las mejillas de Rachel se desvaneció. Una corriente helada procedente de una puerta que se abrió de repente atravesó la habitación. Matthew Wood se encontraba en el umbral, mirando fijamente desde su altura la desordenada habitación llena de vestidos tirados sobre las sillas y banquetas, y los rostros temerosos de las mujeres.

—¿Qué significa todo esto? —inquirió.

—Las niñas estaban mirando cómo Katherine deshacía su equipaje —exclamó Rachel angustiada—. ¿Cómo has vuelto tan pronto?

—¿Es que uno no puede volver a casa a buscar un hacha sin encontrarse con un jaleo semejante?

—Creo que nos hemos dejado llevar por la curiosidad —dijo Rachel, retorciendo las cintas de su gorro entre los dedos.

Judith no se intimidaba tan fácilmente.

—¡Mira, padre! —se atrevió a decir—. Kit me ha regalado este vestido. ¿Habías visto antes algo tan bonito?

—¡Devuélvelo inmediatamente!

—Padre... ¡no! Nunca he tenido...

—¡Haz lo que te digo! —resopló su padre.

—Tío Matthew —interrumpió Kit—. No entiendes, yo quiero que se lo quede.

Su tío la miró con menosprecio.

—En mi familia nadie usa semejantes cursilerías —dijo fríamente—. Ni tampoco necesitamos que nadie nos venga con regalos caritativos para vestirnos.

—Pero si son regalos... —dijo Kit con lágrimas de dolor en los ojos y la rabia reflejándose en su mirada—. Todo el mundo trae...

—¡A callar, niña! Ya es hora de que aprendas de una vez por todas. Ésta será tu casa, ya que no tienes otra, pero tendrás que amoldarte a nuestras costumbres y dejarás de interrumpir el trabajo de la casa y de influir a mis hijas con tu vanidad. Ahora cierra tu baúl y deja que ellas continúen con las tareas que han abandonado. ¡Rachel! ¡Quítate esa cosa tan ridícula!

—Padre, ¿tengo también que devolver los guantes? —Judith todavía se rebelaba—. Todo el mundo lleva guantes en la iglesia.

—Devuélvelo todo. Ningún miembro de mi familia aparecerá en público con una indumentaria indecorosa como ésta.

Mercy no había pronunciado palabra, pero mientras doblaba el chal y lo dejaba silenciosamente sobre el baúl, Rachel tuvo el valor de expresar su única protesta.

—¿Le permitirás a Mercy que se quede con el chal? —rogó—. No es llamativo y además la protegerá de las corrientes de aire de la chimenea.

La mirada de Matthew pasó del chal a los tranquilos ojos de su hija y, casi imperceptiblemente, el rictus de su mandíbula desapareció. ¡Por lo visto, este hombre tan duro tenía una debilidad!

—Está bien, Mercy puede quedarse con el chal. Te doy las gracias por ello.

Aquella palabra había sido pronunciada a tiempo. Porque si no hubiera sido por esta mínima delicadeza, la rabia de Kit hubiese provocado una escena susceptible de estropear cualquier buena oportunidad en su primera mañana en aquella casa. De aquella forma, sintió un respeto involuntario que la obligó a morderse la lengua y ponerse a doblar y guardar los montones de ropa.

Las lágrimas de Judith se perdieron entre los pliegues del vestido azul. Una vez que la puerta se cerró de nuevo, en la habitación imperaba un silencio absoluto. Luego, Rachel dijo suspirando:

—Ha sido culpa mía. No puedo culparos a vosotras, niñas. Pero yo, a mi edad... y la mesa está aún por recoger desde el desayuno.

Kit miró con curiosidad hacia la mesa.

—¿No hay sirvientes para esto? —preguntó.

—No tenemos sirvientes —respondió su tía rápidamente.

Kit se quedó triste y sorprendida.

—Yo puedo ayudaros —dijo finalmente dándose cuenta de que su voz sonaba como la de un niño impaciente.

—¿Vestida así? —protestó Judith.

—Ya encontraré algo adecuado. Mira, ¿sirve este vestido de percal? —preguntó Kit.

—¿Para *trabajar*? —La desilusión había hecho mella en la voz de Judith.

—Es lo que tengo —replicó Kit—. Si no, dame algo tuyo entonces.

Las mejillas de Judith se pusieron de color escarlata.

—¡Oh, ponte éste! Puedes ayudar a Mercy a cardar la lana, así no te ensuciarás.

Kit se arrepintió en seguida de su ofrecimiento. Durante cuatro interminables horas permaneció sentada en un banco de madera batallando para aprender el enredado proceso de cardar la lana. Mercy le hizo una demostración con dos finos listones de madera sujetos a unas tiras de cuero con unos dientes de alambre. Arrancó un pequeño puñado de lana de un montón enorme de lana azul intenso y lo enredó en los dientes de alambre de uno de los listones, y luego peinó la lana con el otro listón hasta que las hebras quedaron lisas.

—Es bonito este color, ¿verdad? —preguntó—. Madre ha prometido a Judith que si ayuda a esquilar, este año nos podremos comprar tela índigo de las Indias. Judith odia manosear y lavar la lana grasienta, pero se pondrá feliz con la tela azul. —Con un movimiento rápido desenganchó la lana de los dientes de alambre y fabricó un esponjoso ovillo.

A primera vista era muy sencillo, pero en cuanto Kit tuvo los listones de madera en sus manos, valoró la destreza de Mercy. Eran muy difíciles de manejar. La lana se esponjaba, se enderezaba y se pegada a sus dedos. Sospechó que Judith había elegido esta tarea aposta.

—Ya le estás descubriendo el truco —aprobó Mercy cuando unas pocas y deformes bolas de lana fueron a parar a la cesta.

Kit echó una ojeada al montón de lana.

—¿Tienes que hacer esto tú sola? —le preguntó Kit.

—Bueno, las demás me ayudan de vez en cuando. Pero claro, hay tantas cosas que yo no puedo hacer... No sabes lo grato que es para mí que me ayudes. Cuando hay alguien con quien hablar, es una maravilla, pues el trabajo se hace mucho más deprisa.

¡Deprisa! ¡Con todo el tiempo que había transcurrido y el montón de lana casi intacto! Pero Mercy parecía sincera. ¡Qué aburrido debe ser para ella trabajar aquí día tras día. Kit estaba avergonzada de su propia impaciencia. De pronto, animada por la cariñosa sonrisa de Mercy, formuló por fin la pregunta que le había inquietado toda la mañana:

—¿Crees que he hecho mal viniendo aquí, Mercy?

—Has hecho muy bien —sonrió Mercy.

—Pero tu padre...

—No es su intención ser antipático. La vida ha sido muy dura con él, aquí en Connecticut.

Desde que murió su abuelo, Kit no tenía a nadie en quien confiar. Ahora se encontraba diciendo las palabras que nunca se había atrevido a pronunciar.

—Tenía que venir, Mercy. Existía otra razón. Esta mañana no lo he podido decir, pero en la isla había un hombre, un amigo de mi abuelo. Venía por casa a menudo. Más tarde descubrí que le había prestado cientos de libras al abuelo. No quería que le devolviéramos el dinero, sólo quería que yo me casara con él. Intentó hacerme creer que el abuelo estaba de acuerdo, pero yo estoy segura de que eso no es verdad. Él quería pagarlo todo. Incluso hubiera mantenido la casa para que viviéramos en ella. Todo el mundo esperaba que me casara con él. Las mujeres no hacían más que alabar la buena pareja que formábamos.

—¡Kit! ¿Cómo podían hacer algo así? ¿Era verdaderamente un hombre horrible?

—No, en realidad no. Era muy amable. Pero Mercy, tenía cincuenta años, y sus dedos, llenos de anillos, eran rechonchos. ¿Comprendes ahora por qué no podía esperar a escribir, Mercy? Comprendes por qué no puedo volver, ¿verdad?

—Evidentemente no puedes volver —dijo Mercy con firmeza. Su mano asió la de Kit y la apretó cálidamente—. Nuestro padre no tiene ninguna intención de devolverte. Sólo tendrás que demostrarle que aquí eres útil.

Cuando aquel primer día tocaba a su fin, la palabra útil había adquirido un significado alarmante. El trabajo en aquella casa no acababa nunca, y se necesitaba paciencia y habilidad, dos cualidades que Kit no parecía poseer. Había que picar carne y preparar las verduras para la comida. Había también que restregar los tazones de estaño con estropajos y arena fina. Detrás de la casa tenían preparada una gran olla con agua y jabón hirviendo sobre el fuego y Judith, junto con su madre, se turnaban durante el día para remover aquella mezcla con un palo muy largo. Judith había dispuesto que Kit se ocupara del jabón mientras ella preparaba el barril donde verterlo. Kit había intentado mantenerse un poco apartada de la olla. Los intensos vapores le irritaban los ojos, y remover aquella pesada masa fatigaba sus brazos y su espalda. Cada vez daba vueltas al jabón con más lentitud hasta que Judith, exasperada, le arrancó el palo de las manos diciendo:

—Se van a formar grumos y si luego tenemos que usar jabón con grumos durante todo el verano será culpa tuya.

Entrada ya la noche, le designaron la tarea más sencilla: hacer un pudín de maíz. Debía añadirse la harina de maíz poco a poco al agua hirviendo. Antes de que se consumiera la mitad de la harina, la paciencia de Kit se agotó. El humo hacía llorar sus ojos y le estaba saliendo una ampolla en el dedo pulgar. Sospechaba que Judith había inventado aquel proceso tan fastidioso para tenerla ocupada, y en un arrebato de resentimiento, echó el resto de la taza de harina de una vez. Se percató de su error cuando la masa indigesta y apelmazada se adhirió a la espumadera de madera. No había nada más para cenar. Después de echarle una ojeada llena de asombro, la familia engulló aquella masa en un silencio que colmó a Kit de angustia.

Después de encender las velas, Rachel y las dos chicas cogieron unas madejas de lana y empezaron a tejer mientras Matthew tomaba la gran Biblia del otro lado de la mesa. Su voz era áspera y monótona. Kit no podía prestar atención a sus palabras. Cada músculo de su cuerpo le dolía de aburrimiento. A medida que avanzaba la lectura, la cabeza de Kit pesaba más y más su cuerpo dio un respingo un par de veces al quedarse dormida. Las tres mujeres, distraídas con su punto, no la vieron. Las agujas sólo cesaron de tintinear cuando su tío cerró el libro e inclinó la cabeza para iniciar la larga plegaria nocturna.

Kit, impaciente, cogió un candelabro y se adelantó hacia su frío dormitorio. Pero una vez allí, recordó que por la mañana necesitaría un vestido limpio del baúl para reemplazar el traje de percal manchado de hollín. Al descender las escaleras oyó unas palabras que no debía de haber oído:

—¿Por qué tiene que dormir conmigo? —preguntaba Judith en tono malhumorado.

—Ya está bien, hija —le reprendió la madre—. ¿Es que no quieres compartir las cosas con tu prima?

—Si tengo que compartir la cama con ella, entonces que ella comparta el trabajo conmigo. ¿O es que se imagina que vamos a servírselo todo en bandeja como si fuéramos sus esclavos negros?

—¿No te da vergüenza hablar así? Sabes muy bien que ha hecho lo que ha podido para ayudarnos.

—Una niña de cinco años lo hubiera hecho mejor. Con lo mal que nos van las cosas en esta casa, sólo nos faltaba... Ya que nos ha salido un primo, ¿por qué no podía haber sido un chico?

—¡Un chico! —respondió Rachel con un largo suspiro—. Sí, un chico hubiera sido otra cosa, esto es verdad. ¡Pobre Matthew!

Dándose la vuelta, Kit escapó escaleras arriba. Cuando Judith se acostó, ella ya estaba acurrucada bajo las mantas en un extremo de la gran cama ocultando su rostro debajo de la húmeda almohada. Después de que Judith apagara la vela, Kit permaneció mucho rato en una posición rígida, temerosa de que el mínimo suspiro la delatara. Pero el colchón de plumas era blando y de tacto agradable y sus fatigados nervios se fueron relajando progresivamente.

Sin embargo, de pronto se incorporó bruscamente:

—¿Qué ha sido esto? —preguntó temblorosa olvidando su orgullo.

—¿Qué ha sido el qué? —preguntó Judith bostezando y un poco molesta.

El continuo y horripilante sonido se oyó de nuevo.

—¿Son indios? —preguntó Kit.

—¿Esto? ¡Oh, no! Es sólo un lobo —dijo Judith burlona—. ¡Santo cielo! ¿Todo este jaleo por un lobo? ¡Pues espera a oír toda una manada!

Capítulo 5

—Éstas son las únicas ropas que tengo —protestó Kit—. Si no son adecuadas, me quedaré aquí con Mercy.

Las campanas de la iglesia sonaban sin parar en la límpida mañana de domingo. Matthew Wood estaba de pie bajo el umbral de la puerta de su casa, con sus pobladas cejas juntas, mientras supervisaba a las tres mujeres dispuestas a acompañarlo. Comparado a los sencillos trajes de lino azul y blanco tejidos en casa que vestían modestamente tía Rachel y Judith, el de Kit, de seda floreada, recordaba a un rutilante pájaro tropical que se hubiera posado por error sobre una orilla extraña a su medio. El gorro, a la última moda, adornado de plumas blancas y rizadas era la máxima afrenta para su tío.

—Estas cursilerías son una burla hacia la congregación del Señor —dijo furioso.

Ésta era la segunda vez aquella mañana que la ira de su tío había caído sobre Kit. Una hora antes se había negado a ir a la iglesia, alegando alegremente que su abuelo y ella no iban casi nunca a misa excepto en Navidad. ¡Vaya escándalo había organizado! En Wethersfiel no existía la Iglesia de Inglaterra, según su tío, y además, como ahora ella era un miembro de la familia, debería olvidar sus ideas papistas e ir a la iglesia como una buena mujer temerosa de Dios. Ahora, sin embargo, se sintió frustrado porque sabía perfectamente, al igual que Kit, que en casa no había ropa de sobras para ella.

Rachel posó con calma la mano sobre el brazo de su marido.

—Matthew —suplicó—. Todos saben que la niña no ha tenido tiempo de hacerse con ropas nuevas. Además sería un derroche tirar estos vestidos. Katherine está muy guapa y yo estoy muy orgullosa de que venga con nosotros.

Judith no se sentía orgullosa de ella. Estaba tan enfurecida como su padre aunque por una razón muy distinta. Sus bellos labios tenían un rictus de resentimiento y sus largas pestañas apenas ocultaban la envidia y rebeldía que expresaban sus ojos azules. Para Kit, esta primera aventura que suponía salir de casa no se presentaba muy favorable, pero al avanzar por el camino no pudo reprimir su curiosidad ni su creciente alegría. Si se dirigían a la iglesia, era evidente que existía un pueblo en algún lugar más allá del camino. Bajo un brillante cielo azul, Wethersfield parecía mucho más acogedor que en aquel nubloso primer atardecer. El aire era nítido y cortante.

La familia anduvo a lo largo de la calle mayor, bordeando unas sólidas casas de madera y fue a salir a un descampado en forma de plaza. Kit miró ansiosa a su alrededor.

—¿Está lejos el pueblo? —preguntó en voz baja a Judith.

Hubo un silencio.

—Esto es el pueblo —respondió Judith secamente.

¡El pueblo! Kit contempló aquel panorama tan pasmada que ni siquiera se dio cuenta de su falta de tacto. No había ni una sola casa de piedra ni una tienda a la vista. La iglesia se erguía en el centro del claro en forma de estructura de madera cuadrada sin pintar y con un pequeño torreón. Mientras cruzaban la plaza, Kit observó todo lo que se encontraba entre ella y la iglesia: una picota, un poste para azotar y unos cepos de castigo.

Dentro del pequeño edificio se encontraban sentadas en las hileras de bancos las buenas gentes de Wethersfield; los hombres en un lado y las mujeres en otro. Al llegar a la puerta Matthew Wood dejó a su familia y se dirigió dignamente hacia el banco del diácono justo delante del púlpito. Rachel se encaminó hacia el banco de la familia seguida por sus dos hijas. Kit también la seguía, y el asombro que reflejaban las caras de las personas allí reunidas le sorprendió como el impacto de una ola gigantesca. No fue un murmullo sino el silencio tan intenso lo que provocó silbidos en sus oídos. Sentía cómo le ardían las mejillas pero siguió avanzando con la cabeza bien alta bajo su gorrito de plumas.

La función religiosa le pareció tan sencilla y poco acogedora como las desnudas paredes de la iglesia. Se sorprendió un poco al ver que su tío se adelantaba a leer el salmo. Su voz firme y nasal marcaba el ritmo y el tono, una frase tras otra, y los asistentes las iban repitiendo. Cuando el largo salmo llegó a su fin Kit se alegró de poder sentarse, pero en seguida deseó volver a ponerse en pie. El borde macizo del estrecho banco se le clavaba en el muslo a pesar de sus cautelosos esfuerzos para cambiar su cuerpo de posición. La mirada de Kit se dirigió hacia el resto de feligreses: era un grupo muy variado. No todos compartían la opinión de su tío respecto a los vestidos decorosos. Algunos iban vestidos tan a la moda como ella. Pero la mayoría vestía sobria y pobremente. Y en los bancos más apartados, Kit descubrió los familiares rostros negros que debían pertenecer a los esclavos. Sin embargo, todos ellos, compartían un reverente silencio. ¿Cómo podían permanecer allí sin mover ni un dedo a pesar de las moscas negras que zumbaban bajo las alas de sus sombreros? Era imposible que prestara atención al sermón, no podía escuchar ni siquiera un instante.

Un continuo susurro de agitación indicó a Kit que allí había más de un músculo indisciplinado como los de ella. Sentados en las escaleras que conducían a la galería se encontraban unos veinte niños pequeños apiñados hombro contra hombro, y los sólidos peldaños se ondulaban bajo los constantes movimientos de los inquietos codos que forcejeaban dentro de las estrechas chaquetas de lana. En el segundo escalón, un niño de sonrojadas mejillas capturó una mosca con un único y raudo movimiento, y una vez presa, la sostuvo entre las rodillas. Los cuatro niños que estaban junto a él se reían convulsivamente. A pesar de las manos que intentaban tapar sus bocas, se les escapaban las carcajadas. Apareció un hombre blandiendo amenazante una larga varilla y, al ver como dos golpes secos azotaban cada una de las desafortunadas cabezas, Kit hizo gesto de desaprobación. El causante de aquella conmoción permanecía sentado serenamente con una mirada ensimismada e inocente clavada en el sacerdote y en la mano todavía cerrada guardaba la mosca prisionera. A Kit le invadió la risa y, buscando desesperadamente algo que la distrajera, se encontró con la mirada de John Holbrook. Éste, desvió la mirada sin dar ni una señal de reconocimiento.

¡Al cuerno con esta gente! Fíjate en Judith, sentada allí con las manos cerradas sobre su regazo. ¿No se le dormían nunca los pies? De todas formas, si esto fuera una prueba de resistencia, aguantaría como toda esta gente de Nueva Inglaterra. Inclinó su barbilla de forma que una pluma rozó con gracia su mejilla, encogió y estiró los dedos de los pies discretamente abrigados por sus zapatillas y se dispuso a resistir.

Cuando el sermón finalizó, el sol entraba a raudales a través de las grietas del tejado. Por lo menos había durado dos horas pero Kit sospechaba que hubiera sido aún más largo si la voz del sacerdote no hubiese enronquecido cada vez más hasta fallarle por completo. Kit se levantó agradecida tras la plegaria final y permaneció de pie respetuosamente junto a los demás feligreses hasta que el sacerdote hubo pasado por el pasillo hasta la puerta.

Una vez afuera, el reverendo Gershom Bulkeley tomó la mano de Kit entre las suyas.

—Así que ésta es la chica huérfana de Barbados —dijo con voz áspera—. Deberías estar muy agradecida, jovencita, por la amabilidad de tu tía y de tu tío en estos momentos en que tanto los necesitas.

Dos diáconos también le estrecharon la mano y subrayaron la palabra gratitud. ¿Acaso el tío Matthew había comunicado a todo el pueblo que la había acogido por caridad? Si era así, entonces ella constituía obviamente una sorpresa para ellos, y una novedad sospechosa a la vista de la clara hostilidad y desconfianza con la que le miraban de arriba a abajo las mujeres de los diáconos. Desde luego ella no tenía ningún aspecto de niña pobre. ¡Que pensaran lo que quisieran!

La mayoría de los asistentes no se le acercaron. Kit vio a la señora Cruff un poco lejos rodeada de un grupo de mujeres que murmuraban echando envenenadas y fugaces ojeadas hacia la dirección en la que se encontraba Kit. Ésta les dio la espalda de forma desafiante no sin antes enviar un amistoso saludo con la mano a Prudence, cuya cara pecosa enrojeció de alegría.

El semblante de Kit se alegró de pronto al ver aproximarse a John Holbrook, pero su impulsivo saludo se congeló al observar que el reverendo Bulkeley lo tenía firmemente sujeto por el codo. A la sombra de su maestro aún se le veía más formal y su sonrisa rezumada una contenida dignidad. Hasta que el sacerdote no hizo las correspondientes presentaciones, John no se volvió hacia ella.

—Me ha alegrado verla en la iglesia —dijo con voz grave—. Habrá encontrado el sermón muy revelador, ¿verdad?

Kit se quedó anonadada.

—Qué afortunados somos de haber podido oír al doctor Bulkeley —continuó John tomando el silencio de Kit como una prueba de complicidad—. Desde que se retiró, raramente predica. Ha sido un sermón verdaderamente excelente. Bajo mi punto de vista, cada palabra estaba llena de inspiración.

Kit se lo quedó mirando fijamente. Sí, hablaba en serio. En aquel momento el doctor Bulkeley se había distanciado un poco y no podía oír lo que decían, pero en las serias palabras de John no había ni un amago de adulación. Kit, desesperada, buscaba una respuesta cuando Judith interrumpió.

—Los sermones del doctor Bulkeley siempre gozan de inspiración —dijo con recato—, en especial cuando predica sobre el juicio final.

John se percató de la presencia de Judith con sorpresa y respeto. Bajo el blanco gorro su rostro estaba pálido y serio, y sus ojos eran de un azul brillante.

—Su sabiduría es asombrosa —prosiguió John—. Puede recitar capítulos enteros de las Escrituras y también sabe de leyes y de medicina.

El rubor de John, al percibir la presencia del erudito doctor junto a él, era lo más halagador. El rostro del doctor Bulkeley resplandecía con indulgencia.

—Sí que conozco un poquito las Escrituras —admitió—. Pero este joven ha tenido un buen inicio, un buen inicio de verdad.

—Cuando venga a cenar el jueves, traiga con usted a su nuevo pupilo —dijo Rachel Wood sonriendo.

Y accediendo amablemente, el doctor Bulkeley se alejó.

—Y ahora, Katherine querida, quiero que conozcas a otra de nuestras vecinas. Señora Ashby, mi sobrina de Barbados.

Kit hizo una reverencia, observando con satisfacción que aquella mujer no despreciaba los adornos fútiles. El vestido de damasco color gris paloma de la señora Ashby con un lazo ribeteado en oro tenía que proceder directamente de Inglaterra.

—Y su hijo William —continuó la tía Rachel.

Ya acostumbrada a percibir actitudes de reserva y recelo en cada presentación, Kit se quedó muy sorprendida al encontrarse con la inequívoca y deslumbrante mirada de William Ashby, e, inconscientemente, le premió con la primera sonrisa femenina que habían podido dibujar sus labios aquella mañana. Kit ignoraba lo que sucedía en su rostro cuando sonreía. William se quedó sin habla. Cuando se volvió para seguir a su tía y a Judith, Kit sabía que William no se había movido y que si miraba hacia atrás, vería su robusto cuerpo plantado inmóvil en mitad del camino. No miró hacia atrás, pero lo sabía.

Camino de regreso a casa Judith hizo una señal a Kit para que se rezagara un poco.

—Nunca mencionaste que en el barco había un hombre tan guapo —le susurró acusadora.

—¿Guapo? ¿Te refieres a John Holbrook?

—Desde luego parecía que os conocíais muy bien.

—Bueno, no había nadie más con quien hablar, pero la mayor parte del tiempo se sentaba solo y estudiaba.

—¿Le has echado el ojo ya? —preguntó Judith sin rodeos.

El rostro de Kit enrojeció. Nunca se acostumbraría a la franqueza de Judith.

—¡Dios Santo! ¡No! ¿Qué te hace pensar así?

—No, simplemente era curiosidad —respondió Judith, y cuando Matthew Wood se volvió y las miró con expresión severa, las dos chicas continuaron caminando en silencio.

—William Ashby se ha quedado impresionado contigo —se aventuró a decir Judith.

—A lo mejor porque soy nueva aquí —dijo Kit sin poder negarlo.

—Quizá. ¿Sabes?, no eres lo que se dice una mujer muy guapa pero William se habrá quedado impresionado al ver tu traje.

Kit quería cambiar de tema. De las chimeneas de las chozas de troncos de madera que había en el camino surgía humo en forma de espiral. Aquellos cobertizos parecían ofrecer un buen tema de conversación.

—¿Vive gente en estas pequeñas casas?

—Claro que no. Son albergues. —Entonces Judith olvidó su propia meditacion para empezar a dar una explicación—. Los domingos, las familias que viven lejos y no pueden regresar a casa entre función y función se quedan en estas chozas y se hacen la comida, y en invierno se calientan en la chimenea.

Un escalofrío de sospecha empezó a enfriar el cálido sol del mediodía y también el recuerdo de la mirada de admiración de William Ashby. Judith no quería decir que...

—¿Has dicho entre función y función? —preguntó Kit temerosa.

—¿No sabías que hay otra función por la tarde? —dijo Judith. Kit se quedó atónita.

—¿Quieres decir que tenemos que ir?

—Naturalmente —respondió Judith altanera—. El domingo es para eso.

Kit se detuvo y de pronto pataleó en el polvoriento camino.

—¡No iré! —declaró—. ¡No estoy dispuesta a aguantar esto otra vez!

Pero bastó una mirada de su tío por encima del hombro, rígido, embutido en su vestido de domingo, para que Kit supiera que lo iba a hacer. Casi ahogada de rabia y de impotencia Kit avanzó hasta alcanzar a Judith, quien se había adelantado y caminaba absorta en sus pensamientos sin siquiera advertir la desesperación de Kit. ¿Por qué habría venido a este horrible y odioso lugar?

Capítulo 6

El reverendo Gershom Bulkeley dejó sobre la mesa su servilleta de lino, retiró la pesada silla y desabrochó su apretado chaleco en señal de satisfacción.

—Una cena excelente, señora Wood. Apuesto a que en toda la colonia no hay ni una sola ama de casa que pueda hacer una tarta de manzana como la suya.

¡Ya puede felicitarnos por la cena!, pensó Kit. Su elaboración había durado más de cuatro días. Cada palmo de aquella cocina se había puesto patas arriba. Habíamos fregado los suelos con arena fina, habíamos pulido la chimenea y restregado el estaño con estropajo. El horno de ladrillo había sido calentado durante dos noches consecutivas y toda la familia se había quedado sin azúcar desde el domingo para que aquel goloso pastor quedara satisfecho.

Pues bien, el doctor Bulkeley estaba satisfecho, pero, ¿alguien más lo estaba? Matthew Wood había comido muy poco y casi no había pronunciado una palabra. Permaneció sentado con los labios apretados. Rachel parecía cansada y aturdida, e incluso Mercy estaba más callada que de costumbre. Judith era la única que parecía feliz. A la luz de las velas aparecía encantadora, y el reverendo Bulkeley sonreía cada vez que la miraba. Pero cuando supo que Kit era nieta del finado Sir Francis Tyler, le dedicó a ella su atención. Y con aire condescendiente le dijo que había visitado Antigua, en las Indias occidentales y que conocía a algunos de los dueños de las plantaciones. Y, por tercera vez, abordó el tema.

—Así que, señorita, su abuelo, dice usted, fue nombrado caballero por el rey Charles. ¡Qué gran honor, un verdadero honor! Y me imagino que sería un súbdito leal de nuestro gran rey James.

—Sí, señor, naturalmente.

—¿Y usted, es también un súbdito leal?

—Qué otra cosa podría ser, señor —respondió Kit perpleja.

—Hay personas que no lo creen así —recalcó el ministro fijando la vista en una viga del techo—. Procure conservar su lealtad.

De pronto, Matthew retiró su silla hacia atrás rascando el suelo ruidosamente.

—Su lealtad no corre peligro en esta casa —declaró encolerizado.— ¿Qué sugiere usted con sus palabras, Gershom?

—No era mi intención ofenderle, Matthew —dijo el reverendo.

—Entonces, cuidado con lo que dice. Le recuerdo que en este pueblo soy un electo, ¡no un traidor!

—Yo no he dicho eso ni tampoco lo pienso. Está usted equivocado, Matthew, pero no es un traidor, todavía.

—¿Equivocado, yo? —desafió Matthew—. ¿Porque no estoy de acuerdo en someterme al nuevo gobernador del rey?

—El gobernador Andros fue nombrado por el rey James y Massachusetts lo ha reconocido como tal.

—Bueno, pues nosotros, aquí en Connecticut nunca le reconoceremos, ¡nunca! ¿Cree que nosotros hemos trabajado durante todos estos años y nos hemos sacrificado para crear un gobierno libre sólo con el fin de cederlo sin protestar?

—Le sigo diciendo que está usted equivocado —gruñó Gershom Bulkeley—. Tome nota de mis palabras, Matthew. Si no vive lo suficiente para ver los funestos resultados, los que sufrirán serán sus hijos o los hijos de sus hijos. Llámele como quiera, pero su terquedad sólo conduce a la revolución.

Los ojos de Matthew lanzaron un destello.

—¡Hay cosas peores que la revolución!

—Yo sé más de esto que usted. Fui médico en el fuerte durante la batalla contra los indios. La guerra es diabólica, Matthew. Créame, de la sangre derramada no puede surgir nada bueno.

—¿Y quién está a favor de derramar sangre? Nosotros sólo queremos que se nos permita mantener los derechos que nos fueron concedidos en el acuerdo.

Los dos hombres permanecieron sentados, uno frente al otro,

mirándose fijamente. Los ojos de Rachel se llenaron de lágrimas. Entonces, Mercy habló desde la penumbra.

—Estoy ansiosa por asistir a su lectura de esta noche, reverendo Bulkeley —dijo cariñosamente.

El doctor Bulkeley le dedicó una afable sonrisa y considerando su deseo respondió:

—Yo tengo que cuidarme la garganta, pero mi joven alumno es un lector excepcional. Voy a cederle el honor de leer para ustedes.

Matthew Wood cogió la pesada Biblia a regañadientes y se la entregó a John Holbrook mientras Rachel le acercaba un candelabro de estaño. John había permanecido en un respetuoso silencio durante toda la velada. De hecho, no había tenido la oportunidad de hacer otra cosa, pero ahora, estaba muy satisfecho de que su maestro le hubiera prestado un poco de atención. Kit, de repente, se sintió provocada por él. Sólo una semana en Wethersfield había bastado para cambiar a aquel digno joven que ella había conocido a bordo. Esta noche, el chico aparecía como la sombra de cada palabra que pronunciaba aquel hombre terco y pomposo. Ni siquiera ahora se atrevía a tomar una decisión, sino que, sosteniendo la Biblia entre sus manos, preguntó vacilante:

—¿Qué lectura prefiere, señor?

—Yo sugeriría los Proverbios, capítulo 24, verso 21 —dijo el viejo pastor con un brillo de astucia en sus ojos cuyo sentido comprendió Kit en cuanto John empezó a leer.

—«Teme, hijo mío, al Señor y al rey y no te acompañes con los detractores. Porque de repente se desplomará sobre ellos la perdición. ¿Y quién sabe los suplicios que padecerán?»

Matthew, bajo la mirada suplicante de su mujer, intentó contener un profundo quejido. John continuó leyendo.

Durante la lectura, Kit olvidó el significado de las palabras y se dejó llevar por el placer que le proporcionaban sus sonidos. La voz de John era baja pero muy clara, y las palabras surgían con una deliciosa cadencia musical. Desde su llegada, Kit aguardaba cada noche con impaciencia a que la monótona voz de su tío cesara. Pero esta noche, por primera vez, la belleza de los antiguos versos hebreos le cautivaron.

Al concluir la lectura, la familia y los invitados inclinaron la cabeza, y el reverendo Bulkeley dio comienzo a la oración vespertina.

A Kit se le escapó un pequeño suspiro. Los concisos ruegos de su tío le eran difícilmente soportables, y ahora, esta oración, sospechaba Kit, podría ser una interminable obra maestra. A medida que la áspera voz peroraba sin descanso, Kit osó levantar un poco la vista y quedó sorprendida al ver que Judith miraba también a hurtadillas. Pero la atención de Judith tenía una finalidad. Observaba atentamente la cabeza agachada de John Holbrook y el dibujo del delicado perfil de su nariz reflejado por la luz de la lumbre.

Una frase del doctor Bulkeley captó de nuevo la atención de Kit. «Y bendice a nuestra hermana en su debilidad y aflicción.» ¿A quién se refería? Dios Santo, ¿estaba hablando de *Mercy*? ¿No tenía aquel hombre sensibilidad alguna? Qué pequeña debía sentirse Mercy al oír aquellas exageradas palabras. A los pocos días de su estancia en aquella casa, Kit dejó de advertir la cojera de Mercy. Nadie en la familia hablaba de ello. Incluso la propia Mercy no se consideraba incapacitada. Podía con el trabajo de toda una jornada, y más. Por otra parte, Kit descubrió muy pronto que Mercy era el eje alrededor del cual giraba toda la casa. Conseguía ahuyentar el malhumor de su padre, prestaba apoyo a su madre, temerosa y ansiosa, y templaba cariñosamente a su rebelde hermana e, incluso, había conseguido atraer a un extraño al círculo. ¿Mercy débil? ¿Era ciego este hombre?

Cuando la oración tocó a su fin y llegaron los repetidos agradecimientos y despedidas, Rachel acompañó a sus invitados hasta la puerta y tendió la mano a John Holbrook.

—Espero que vuelva por aquí —dijo amablemente—. Nos gustaría que se sintiera usted bienvenido en nuestra casa.

John dirigió la vista hacia donde se encontraba Judith de pie, detrás de la silla de Mercy.

—Muchas gracias, señora —respondió—. Si me lo permite, volveré con mucho gusto.

Cuando la pesada puerta se cerró tras ellos, Matthew Wood se volvió enfurecido hacia su mujer.

—¡Esta es la última vez que Gershom Bulkeley entra en mi casa! —dijo.

—Muy bien, Matthew —suspiró Rachel—. Pero no seas demasiado severo con él. Gershom, a su manera, es una buena persona.

—¡Es un hipócrita, un impostor! —dijo Matthew dando un puñetazo sobre la mesa—. ¡Y no permitiré que se hagan lecturas en mi propia casa!

Las mujeres, con aire cansado, empezaron a recoger la mesa mientras Matthew removía el fuego del hogar. De pronto se enderezó.

—Hay otro asunto del que me había olvidado —dijo—. Hoy, el joven William Ashby me ha pedido permiso para venir a saludar a mi sobrina.

De los dedos de Judith cayó con ruido una cuchara al suelo. Se hizo un silencio sepulcral mientras Rachel y sus dos hijas se volvieron para mirar a Kit.

—¿Quieres decir que vienen a saludar a Katherine? —La voz de Rachel sonaba incrédula.

—Esto es lo que he dicho.

—Pero si apenas la ha visto. Sólo por un momento después de la función.

—Ella ya se hizo notar suficientemente.

Kit sintió que sus mejillas se arrebolaban. Judith abrió la boca para decir algo. Echó una ojeada a su padre y calló.

—Supongo que no nos podemos negar —aventuró Rachel—. Es un miembro de la sociedad de prestigio y lo ha solicitado como se debe.

—Su padre es otro súbdito del rey —dijo su marido—. En la junta pidió que nos uniéramos a Massachusetts. ¿Pero qué podemos esperar ahora que cobijamos a una súbdita bajo nuestro techo? Trae una vela, Rachel. Ya hemos perdido demasiado tiempo esta noche.

Después de que Rachel subiera la escalera detrás de su marido, las tres chicas deambularon perdidas por la casa. Mercy empezó a prepararse la cama en un rincón. Su frente, habitualmente distendida, mostraba una pequeña arruga de preocupación.

—¿Ves?, ya te lo decía —explotó Judith finalmente—. Lo sabía por la forma en que te miraba a la salida de la iglesia.

Era inútil fingir que no lo recordaba. En Kit se despertó una ligera y placentera curiosidad.

—¿Lo conoces, Mercy?

—Claro que sí —admitió Mercy.

—¿Quién ignora que su padre es el dueño de los tres acres de tierra más fértiles de la comarca, y que los árboles están ya todos escogidos para edificar la casa en el momento en el que el amo, William, lo decida? Y a tu llegada, ya estaba casi decidido —añadió Judith.

—Eso nunca lo hemos sabido con certeza, Judith —le recordó dulcemente su hermana—. Únicamente nos lo imaginábamos.

De pronto Kit recordó algo. Aquella primera mañana, probándose el traje Judith había dicho...

—¡Oh, cielos! —exclamó Kit aturdida—. Yo no quiero que este William venga a saludarme. Sólo lo he visto una vez y no sabré que decirle cuando venga. Mañana por la mañana se lo comunicaré al tío Matthew.

—¡No se te ocurra decirle nada a padre! —dijo Judith dándose la vuelta.

—Pero si él... si tú...

—William nunca ha llegado a pedir permiso para venir a saludarme. Sólo he dicho que ha estado a punto de hacerlo.

—No es justo culpar a Kit sólo porque nosotras hayamos pensado que... —consideró Mercy.

—¡Oh, no la culpo! —dijo Judith alzando altanera la cabeza—. De hecho, Kit puede quedarse con William. Tiene mi bendición. He cambiado de idea, me casaré con John Holbrook.

Capítulo 7

Y ahora, ¿qué más podía decir?, se preguntó Kit desesperada. Estaba sentada mirando sus manos cruzadas sobre su regazo sin atreverse a levantar la vista hacia el joven que se encontraba sentado a su lado en el banco delante de la chimenea. Sabía que al levantar los ojos se encontraría con la mirada de William Ashby clavada en ella. La última media hora había transcurrido así. ¿De qué se podía hablar cuando un joven venía a visitarte? ¿Era la chica la que tenía que proporcionar un tema de conversación? Ella lo había probado todo, pero William parecía contentarse con estar allí sentado, con la espalda erguida y sus grandes y diestras manos descansando simétricas sobre sus robustas rodillas cubiertas por unos pantalones de lana. Tenía un aspecto impresionante, vestido con su abrigo de paño fino color canela y su camisa de lino. Su reluciente sombrero de piel de castor y sus guantes blancos habían sido posados cuidadosamente sobre la silla del recibidor. William creía que con el mero hecho de venir ya había cumplido su papel. Aparentemente, era ella la que tenía que iniciar la conversación.

La tía Rachel había encendido el fuego del salón y distribuido las velas sobre la mesa. Desde la cocina, al otro lado de la entrada, Kit oía las voces de sus familiares, que se encontraban cómodamente sentados alrededor de un fuego que todavía se agradecía en aquellas frescas noches del mes de mayo. Esta noche, Kit deseaba estar con ellos, incluso hubiera aceptado de buena gana la lectura de la Biblia. Respiró profundamente y volvió a intentarlo.

—¿Siempre hace tanto frío ya en el mes de mayo en Nueva Inglaterra?

—Creo que esta primavera es un poco más calurosa que de costumbre —respondió William, decidido después de haber considerado detenidamente la pregunta.

De pronto, como si se cumpliera su deseo, llamaron a la puerta principal. Mientras la tía Rachel se dirigía a abrir, Kit oyó la voz de John Holbrook. Su tía le dio una cordial bienvenida y al cabo de unos momentos asomó la cabeza por la puerta del salón, y con su mirada comprensiva, se dirigió a los dos silenciosos jóvenes.

—¿Por qué no venís y os reunís con nosotros? —les propuso—. John Holbrook ha venido a visitarnos y vamos a preparar un poco de maíz tostado para celebrarlo.

«¡Que Dios bendiga a la tía Rachel!», pensó Kit.

Con un puñado de blancos y ligeros granos de maíz en sus manos, William pareció relajarse un poquito. Las palomitas de maíz tenían algo irresistible. John, con las mejillas encendidas por el calor, manejaba con habilidad la sartén de mango largo. Judith, a la luz de la lumbre, se había transformado y su risa se hizo contagiosa. Los ojos de Mercy brillaban de felicidad. Rachel, con una reminiscencia del encanto del que gozara antaño, consiguió atraer a William, si no al mismo centro del grupo, al cálido círculo. Incluso Matthew se distendió lo suficiente y preguntó con afabilidad:

—¿Tiene ya tu padre todos los campos sembrados?

—Sí, señor —replicó William.

—He visto que están talando algunos árboles en la alameda.

—Sí. Estoy planeando construir mi casa en cuanto llegue el otoño. Hemos escogido algunos robles blancos para las vigas.

Kit lo miró asombrada. William no había hablado casi en toda la velada. La tía Rachel le animó a continuar la conversación.

—Me ha dicho mi marido que te han nombrado «encargado de delimitar los campos» —dijo sonriendo—. Es un gran honor para un joven como tú.

—Muchas gracias, señora.

—Después de todas las nuevas donaciones de terrenos, será una gran responsabilidad —añadió Mercy halagadora.

—Sí —asintió William—. La asamblea ha decretado que en todo el condado de Hartford no debe quedar ningún terreno sin dueño.

—Es una idea muy sabia —intercedió Matthew—. ¿Por qué deberíamos dejar terrenos en manos del gobernador del rey para que él los ceda a sus favoritos?

—¿No teme, señor, que a causa de estos actos imprudentes, el rey se enoje? —preguntó William respetuosamente.

—¿Tanto miedo tienes de que el rey se enfade? —dijo Matthew en tono burlón.

—No, señor. Pero no podemos actuar contra él. Si ahora nos sometemos a su gobernador, es posible que podamos conservar algunos derechos y privilegios, ¿no es cierto? En cambio, si le provocamos, podemos perderlo todo.

Kit no podía creer lo que estaba oyendo. William Ashby no era ni mudo ni imbécil. Incluso se atrevía a discutir con su tío. Muy respetuosamente, Kit se le acercó para ofrecerle el cuenco de madera lleno de palomitas, y, al mismo tiempo, añadió una sonrisa que provocó una vez más que William, con el rostro color escarlata, cayera en un silencio absoluto. Matthew Wood no se dio cuenta de la interrupción.

—Cede nuestra carta de derechos y lo perderemos todo —dijo con voz atronadora—. Estos estatutos fueron concedidos a Connecticut por el rey Charles hace veinticinco años. Garantizan cada derecho y privilegio que nos hemos ganado, al igual que la tierra sobre la que vivimos y las leyes que nos hemos dictado nosotros mismos. El rey James no tiene derecho a deshacer el compromiso de su hermano. ¿Qué dice a esto, maestro Holbrook? ¿O es que su profesor también le ha envenenado las ideas?

—Yo creo que deberíamos mantener nuestra carta de derechos, señor —dijo John sin apartar la vista del fuego y en un tono que delataba preocupación—. Pero el doctor Bulkeley dice que Connecticut no ha interpretado bien la carta. Y su conocimiento en materia de leyes es muy amplio. Dice que los tribunales no siempre hacen justicia y...

—¡Bah! —exclamó Matthew retirando su silla y levantándose—. ¡Justicia! ¡Qué sabréis vosotros los jóvenes de derechos y justicia! Todo lo que conocéis es una vida fácil. ¿Habéis talado árboles de un bosque alguna vez para construir una casa con vuestras propias manos? ¿Habéis luchado contra los lobos o los indios? ¿Habéis pasado frío y hambre algún invierno de vuestra existencia? Los hombres que fundaron este pueblo entendían de justicia. No hubieran aceptado nunca inclinar la cabeza en favor del rey. Los únicos derechos que merece esta lucha y este sacrificio son los derechos del hombre libre, libre e igual a los ojos de Dios para decidir su propia justicia. Ya aprenderéis. Tomad nota de mis palabras. ¡Algún día aprenderéis a pesar vuestro! —Y diciendo esto subió las escaleras a grandes zancadas sin dar las buenas noches.

¡Oh, Dios! ¿No podían pasar un momento agradable y no estar siempre discutiendo sin sentido? Después de la marcha de Matthew, la conversación nunca se recompuso. Kit se sobresaltó cuando el reloj cuadrado colgado en la pared de la esquina dio las ocho. ¡Sólo había pasado una hora! A Kit le pareció la tarde más larga de su vida. William decidió levantarse.

—Gracias por su hospitalidad, señora Wood —dijo educadamente.

John levantó la vista asombrado a que el tiempo hubiese pasado tan deprisa y siguió el ejemplo de William. Cuando la puerta se cerró a sus espaldas un largo suspiro se escapó de la boca de Kit.

—Bueno, ya está —exclamó—. Por lo menos esta será la última vez.

—Hasta el sábado por la noche —dijo Mercy riendo.

Kit sacudió la cabeza segura de sí misma.

—No volverá nunca más —dijo. ¿Se sintió igualmente aliviada al pensarlo?

—¿Qué? ¿Qué es lo que te hace pensar así? —preguntó Rachel rastrilleando afanosamente las cenizas.

—¿No te has fijado? Casi no me ha dirigido la palabra. Y luego, el tío Matthew...

—¡Oh!, todos conocen a nuestro padre —dijo Judith ignorando la discusión con elegancia—. William ha dicho que iba a empezar a construir su casa. ¿Te parece poco?

—Sólo ha sido un comentario de pasada.

—William Ashby no hace comentarios superfluos respecto a su vida —dijo Judith—. Sabía exactamente lo que estaba diciendo.

—No veo por qué el hecho de que quiera construir una casa...

—Kit, ¿es que no te enteras de *nada*? —dijo Judith en un tono burlón—. El padre de William le regaló el terreno hace tres años para su décimosexto cumpleaños y William dijo que no empezaría a construir hasta que hubiera tomado una decisión.

—Esto es ridículo, Judith. No pudo referirse a una cosa así, tan pronto... ¿no crees, Mercy?

—Me temo que sí —dijo Mercy sonriendo ante su confundida prima—. Estoy de acuerdo en que William nos estaba diciendo a todos, en especial a ti, que ha tomado la decisión. Kit, tanto si te gusta como si no, William vendrá a cortejarte.

—¡Pero yo no quiero! —exclamó Kit aterrada—. ¡No quiero que venga aquí para nada! ¡No tenemos nada que decirnos!

—Me da la impresión de que eres muy caprichosa —estalló Judith—. ¿No sabes que si William quiere es capaz de construir la casa más bonita de Wethersfield? ¿No pretenderás que encima te entretenga?

Rachel puso su mano confortadora sobre el hombro de Kit.

—Las niñas sólo están haciendo broma, Katherine —dijo cariñosamente.

—Entonces, tú no crees que...

—Sí. Creo que William habla en serio. Pero no tienes por qué preocuparte, querida. Nadie te va a dar prisas y menos el propio William. Es un buen chico. Es normal que ahora os sintáis como dos desconocidos, pero pronto encontraréis temas para conversar.

«¿Seguro?», se preguntó Kit al subir las escaleras que conducían a la cama. Sus dudas persistieron durante toda la semana. Pasó un segundo sábado, y un tercero, y un cuarto, y las visitas de William se convirtieron en un hábito. Después del segundo sábado, Kit le pidió a Mercy que le enseñara a tejer, y desde entonces se armó de lana y agujas para tener las manos ocupadas y encontrar una excusa para no tropezar con aquella mirada.

A William parecía no faltarle nada en aquellas veladas. Para él era suficiente sentarse en una esquina de la habitación y contemplarla a ella. Kit tenía que admitir que se sentía halagada. Era el soltero más deseado de Wethersfield y además guapo. A veces, cuando estaba sentada tejiendo, y se percataba de que los ojos de William apuntaban a su rostro, notaba que se quedaba sin respiración de una manera que no le era desagradable. Luego, con la misma rapidez, le invadía la rebeldía. ¡Estaba tan seguro de sí mismo! Sin preguntarle nada, contaba con ella con la misma decisión con la que calculaba los leños de madera apilados.

Quizá no hubiese pensado tanto en William si hubiera habido algo que rompiera los largos y monótonos días que transcurrían de un sábado al otro. Parecía imposible que cada día fuera igual al anterior, únicamente alterado por la variación de las ocupaciones que les eran designadas desde el amanecer hasta la noche. Seguro que debería llegar el momento en que las tareas ya estuvieran cumplidas y quedara un poco de tiempo para el ocio. Sin embargo, cuando finalizaba una tarea, siempre amenazaba la aparición de una nueva. Un esquilador había traído un inmenso montón de lana gris para lavar, blanquear y teñir, una cantidad suficiente para que Mercy se pasara los doce meses siguientes cardando, hilando y tejiendo. Había que sacar agua del pozo, había ropa para restregar e interminables hileras de hortalizas para escardar y azadonar. A Kit no le gustaba ninguna de estas tareas. No es que fuera una chica torpe pero sus deseos se volvían rígidos a causa del sentimiento de rebeldía que le invadía. Ella era Katherine Tyler y no había sido educada para desempeñar los trabajos de los esclavos. Y William Ashby era la única persona en Wethersfield que no esperaba que ella sirviera para algo, que no sólo no le pedía nada sino que le ofrecía su admiración incondicional como prueba de que ella todavía seguía siendo alguien. Así pues, no es de extrañar que Kit aguardara las tardes de los sábados con ilusión.

Capítulo 8

—Los campos de cebollas de la pradera del sur necesitan ser escardados —declaró Matthew una mañana de principios de junio—. Si Judith y Katherine encuentran un momento, que vayan a trabajar allí toda la mañana.

Al salir de casa aquella mañana temprano, el aspecto de las dos chicas no chocaba tanto como en aquel primer día que acudieron a la función religiosa. Rachel y Mercy, escandalizadas al ver que Kit estropeaba sus elegantes vestidos fregoteando y cocinando, le confeccionaron un vestido, de una fina tela de algodón, exactamente igual al de Judith. Era un traje sencillo y burdamente tejido, adornado únicamente por un lazo, pero mucho más adecuado para realizar trabajos domésticos. Sin duda alguna, la relación con su prima Judith también se había suavizado. Aquella mañana, Judith estaba casi simpática.

—¡Qué dia tan maravilloso! —exclamó—. ¿No te alegra que hoy tengamos que quedarnos en casa?

Kit estaba bastante contenta. Realmente hacía un día precioso, el cielo era de color azul brillante y los campos y bosques lucían un color verde pálido. Los bordes del camino rebosaban de margaritas y anémonas, que parecían finas y pálidas comparadas con el resplandor y abundancia de colores que había en Barbados, aunque eran igualmente bonitas. Y, por primera vez desde que había llegado a Wethersfield, Kit no tenía frío.

Las chicas pasaron por delante del templo, giraron por el callejón y continuaron por el camino conocido con el nombre de carretera sur. Las grandes praderas, le explicó Judith, eran una extensión de tierra inmensa que flanqueaba la gran curva que formaba el río.

—Allí no vive nadie —explicó Judith—, porque en primavera el río se desborda a veces e inunda todos los campos. Cuando el nivel del agua desciende, entonces podemos trabajar en ellos. Son de tierra fértil y todos los terratenientes disponen además de pastos y huertos. Nuestro padre tiene derecho a un terreno más grande pero no tiene a nadie para ayudarle.

Al dejar atrás la sombra de los árboles, los prados se extendieron exuberantes frente a ellas y Kit se quedó sin respiración. No esperaba ver algo así. Desde aquel momento, y sin saber muy bien por qué, las vastas praderas se apoderaron de ella y la hicieron suya. Una llanura como un mar verde se extendía por ambos lados hasta donde alcanzaba la vista, únicamente interrumpida aquí y allá por un olmo delicado y solitario. Le recordó los campos de caña de azúcar de Barbados, o la interminable extensión del océano queriendo alcanzar el cielo. ¿O era simplemente la sensación de libertad, luz y espacio que le hablaba de su hogar?

¡Ojalá pudiera estar aquí sola, sin Judith!, pensó con añoranza. Un día que tenga tiempo volveré a este lugar para sentarme sola y contemplar el paisaje. En aquel momento no podía predecir las veces que regresaría a aquel lugar ni tampoco podía saber que en los meses que se avecinaban las praderas no romperían la promesa que le hacían en aquel momento, una promesa de paz, alivio y tranquilidad para un corazón triste y apenado.

—¿Qué miras? —preguntó Judith dándose la vuelta impaciente—. El campo de padre está más lejos.

—Tenía curiosidad por aquella pequeña casa —dijo Kit como excusa—. Creí que habías dicho que aquí no vivía nadie.

Allá a lo lejos, a la derecha, al borde del pantanoso estanque, surgía un hilito de humo caracoleando suavemente desde la inclinada chimenea de una casa. Un poco más allá, algo se movía. ¿Se trataba de una sombra o de una figura agachada?

—¡Oh!, ésta es la viuda Tupper —dijo Judith con un tono de desprecio en la voz—. Nadie viviría junto al estanque del Mirlo excepto Hannah Tupper, y aún menos, al borde del pantano. Pero a ella le gusta. Nadie puede persuadirla para que se marche.

—¿Y qué pasaría si el río se desbordara?

—Ya sucedió una vez hace cuatro años, y su casa quedó completamente cubierta por el agua. Nadie sabe dónde se resguardó, pero cuando el nivel del agua bajó, allí estaba otra vez. Limpió el barro y continuó viviendo en ella como si nada hubiera pasado. Allí habita desde hace muchos años.

—¿Sola?

—Con sus gatos. Siempre hay uno o dos gatos merodeando por la casa. La gente dice que es una bruja.

—¿Tú crees en las brujas, Judith?

—No lo sé —dijo dudosa—, pero cuando la miro siento escalofríos. Es muy rara, de eso no hay duda. Y nunca va a la iglesia. Prefiero no acercarme por allí.

Kit volvió a mirar a la figura gris que se inclinaba sobre una olla removiendo algo con un palo muy largo. Se le marcaban los huesos de la columna vertebral. Seguramente, lo que había en la olla era jabón. Kit había removido una olla como aquella el día anterior y sólo Dios sabe cómo le dolían todavía los brazos. Pero ante aquella figura solitaria envuelta en un andrajoso y ondulante chal, era fácil pensar que aquella olla podía contener cualquier brebaje misterioso. Kit aceleró el paso para alcanzar a Judith.

Las largas hileras de cebollas, con sus afilados y verdes brotes medio cubiertos ya por la maleza, parecían interminables. Judith se dejó caer de rodillas sin miramientos y empezó a arrancar vigorosamente los hierbajos. Kit no podía salir de su asombro al ver a su prima Judith, tan presumida y engreída, orgullosa de los rizos que caían sobre sus hombros, tan remilgada con el blanco cuello de hilo de su vestido como única frivolidad permitida, arrodillada allí sobre la tierra haciendo el trabajo que un esclavo de cierta categoría de Barbados se negaría a realizar. ¡Qué país tan extraño!

—Bueno, ¿qué haces ahí plantada? —preguntó Judith—. Padre ha dicho que no podemos ir a comer hasta que tengamos tres hileras limpias de hierbajos.

Kit se agachó con cuidado y arrancó un puñado de hierbas sin ningún entusiasmo. A la segunda intentona, se llevó un brote de cebolla, y, mirando de reojo a su prima para ver si ésta se había dado cuenta, volvió a enterrar la pequeña raíz aplastando con firmeza la tierra de alrededor. ¡Malditos hierbajos! Debería prestar más atención a la tarea. De pronto sus ojos se llenaron de lágrimas. Sentía lástima de ella misma. ¿Qué estaba haciendo allí, la nieta de Sir Francis Tyler, en cuclillas en un campo de cebollas?

Arrancó los hierbajos a estirones. Si se casaba con William Ashby, ¿esperaría él también que ella le limpiara el huerto? Mientras consideraba esta posibilidad, sus manos dejaron de trabajar. No, estaba casi segura de que no sería así. ¿Quizá la madre de éste, que se sentaba con tanta elegancia en la iglesia, hubiera arrancado algún hierbajo en su vida? Bajo aquellos delicados guantes seguro que no había llagas, apostó Kit. Ahora sabía bien que la gente humilde sentada en la parte trasera del templo eran los sirvientes de las familias ricas de Wethersfield. Sin duda, William debía tener sirvientes. Se secó las lágrimas con el dorso de su mugrienta mano. Si el futuro le brindaba una posible escapatoria, seguramente sería capaz de soportar aquel trabajo temporalmente.

Aquella misma mañana surgió la oportunidad que esperaba. Las dos chicas regresaron a casa y encontraron a Mercy radiante de alegría. Sus ojos grises lanzaban destellos.

—Ha pasado algo maravilloso, Kit. El doctor Bulkeley ha recomendado al interventor que este verano colabores conmigo en la escuela.

—¿Una escuela? —repitió Kit—. ¿Tú enseñas en una escuela, Mercy?

—Es sólo un parvulario, para los niños pequeños y únicamente durante los meses de verano. Si tú me ayudas, podré tener más alumnos.

—¿Qué les enseñas?

—El abecedario, a leer y a escribir su nombre. Si no aprenden a leer, no pueden ir al instituto, ¿sabes? Y los padres de muchos de ellos no pueden enseñarles.

—¿Dónde está la escuela?

—Aquí mismo, en la cocina.

—Yo no entiendo mucho de niños —dijo Kit dudosa.

—Sabes leer, ¿verdad? John Holbrook le dijo al doctor Bulkeley que sabías leer tan bien como él.

Kit se asustó. ¿Le había repetido John al doctor Bulkeley la conversación que habían mantenido a bordo del *Delfín*? Seguramente no, si no, nunca la hubiera recomendado. Ella jamás se había atrevido a hablar de libros en aquella casa. Allí no había ni un libro, excepto la Santa Biblia.

—Sí, claro que sé leer —admitió cautelosamente.

—Pues bien. Van a enviar al señor Eleazer Kimberley, el maestro del instituto, para que te haga una prueba. Empezaremos la semana que viene. Padre también está muy contento, Kit. Las dos vamos a ganar un sueldo.

—¿Un sueldo de verdad?

—Cada niño paga cuatro peniques a la semana. A veces pagan con huevos, lana y cosas así. Será una ayuda, Kit, una gran ayuda.

Cuanto más pensaba en ello, más agradable le parecía la idea. Si ganaba un sueldo, era evidente que no esperarían de ella que fregara suelos y trabajara en el campo de cebollas. Es más, en su mente empezó a brotar una sensación de satisfacción y de triunfo. Aquel mismo día un poco más tarde, mientras se encontraba a solas con Mercy peinando la lana, expresó sus pensamientos en voz alta.

—Si me gano un sueldo —dijo de pronto— entonces quizá pensaréis que soy útil aunque no sea un chico. —Su voz no pudo ocultar cierto tono bañado por la amargura que la había afligido durante todos aquellos días.

Mercy dejó de cardar y se la quedó mirando.

—¿Qué quieres decir, Kit?

—La primera noche —confesó Kit— Judith dijo que si por lo menos hubiera sido un chico...

—¡Oh, Kit! —exclamó Mercy con los ojos llenos de lágrimas—. ¿Lo oíste? ¿Por qué no me lo habías dicho antes?

Kit bajó la vista avergonzada. Ahora deseaba haberse mordido la lengua.

—No quiso decir lo que tú te imaginas. Sólo es que padre necesita tanto un muchacho que le ayude... —Mercy dudó por unos segundos—. ¿Nuestra madre no te ha contado mucho sobre nuestra familia, verdad? Verás —continuó—, hubo un chico, su primer hijo fue un chico. Dos años mayor que yo; casi no lo recuerdo. Ambos pillamos unas fiebres extrañas y yo me recuperé, aunque quedé coja, y él, murió.

—No lo sabía —murmuró Kit impresionada—. Pobre tía Rachel.

—Después de Judith nació otro chico —continuó Mercy—. Sólo vivió una semana. Madre dijo que era la voluntad del Señor, pero yo me lo he cuestionado muchas veces. Era muy pequeño, había nacido prematuramente y al tercer día debía ser bautizado. Era el mes de enero y hacía muchísimo frío. Dicen que aquel domingo el pan de la comunión se congelaba en las patenas. Padre le arropó bien y se lo llevó a la iglesia. ¡Estaba tan orgulloso! Bueno, claro, de esto hace muchos años, pero desde entonces padre cambió. Y sin la ayuda de un chico, todo siempre ha sido muy difícil para él. Esto es todo lo que Judith quiso decir, Kit.

Kit permaneció sentada en silencio. Había olvidado su resentimiento. ¡Haré un esfuerzo mayor para comprenderla!, se prometió a sí misma. ¡Pobre tía Rachel, ella que siempre había sido tan risueña!

Capítulo 9

Los niños buenos deben
temer a Dios todos los días,
a sus padres deben obedecer,
no decir nunca mentiras
y jamás caer en el pecado.

Seis voces cantaban estas palabras a coro. Dos serios rostros estaban inclinados sobre cada una de las tres manoseadas cartillas que era todo cuanto la escuela poseía.

En tus oraciones secretas,
ama siempre a Cristo, nuestro Señor,
ten cuidado con los pequeños juegos ´
y no te demores en hacer el bien.

En el lado opuesto de la cocina, Mercy, que generosamente había cedido a Kit el grupo de lectores avanzados, se encontraba trabajando con los principiantes. Los niños estaban reclinados en el banco, cada uno de ellos sosteniendo en la mano una cartilla, una pequeña y sólida plancha de madera donde se sujetaba una hoja de papel protegida por una fina lámina de concha transparente, sujeta a su vez ésta por una estrecha tira de cuero y unos pequeños clavos de latón. La parte superior de la hoja estaba encabezada por el abecedario y en la parte inferior se leía la oración del Señor. Los niños llevaban el silabario colgado del cuello con un cordel. En estos momentos forzaban la vista para distinguir las borrosas letras y, penosamente, repetían en voz alta:

a, f: af
f, a: fa
a, l: al
l, a: la

¡Qué paciencia tenía Mercy! ¡Ojalá la paciencia fuera tan contagiosa como las paperas! Kit suspiró y volvió a fijar la vista en la cartilla. ¡La misma de todos los aburridos y monótonos sermones! Su abuelo nunca hubiera permitido aprender a leer con un libro semejante. Hubiera querido recordar cómo él le había enseñado a leer sílabas y palabras. Sospechaba que había inventado su propia manera de enseñar, y ahora, mientras sus pequeños alumnos deletreaban el oscuro texto, no pudo resistir la tentación de seguir su ejemplo. Cogió una pluma y escribió dos líneas en un pedazo de la rugosa corteza de abedul que los niños usaban para no gastar el caro papel. Le entregó el pequeño rollo a Timothy Cook:

«Timothy el guapo / ha saltado el charco», leyó asombrado el niño.

Los demás rieron.

—Escríbeme uno a mí —pidió la niña de los ojos negros.

«Charity la bella / lleva zapatos de doncella.»

Los seis niños seguían cada movimiento de la pluma conteniendo el aliento con emoción. Kit no sospechaba que sus métodos fueran una novedad, y siempre, una sorpresa.

Sólo sabía que desde que las clases habían empezado en estos últimos diez días, éstos habían sido los más agradables desde su llegada a Connecticut. Los niños y ella habían hecho buenas migas ya en el primer momento. Con ellos, Kit se sentía muy a gusto, cosa que no había podido conseguir con los mayores. Los niños admiraban sus bonitos vestidos, le traían margaritas y fresas, se peleaban por sentarse a su lado, y cada día esperaban con maravillada expectación todo cuanto Kit pudiera hacer en cada momento.

En total eran once: ocho niños y tres niñas que oscilaban entre los cuatro y siete años de edad. Aquellos serios pequeños adultos, habían aparecido el primer día vestidos como sus padres. Uno de ellos, para diversión de Kit, había dicho que se llamaba Jonathan Ashby. Se trataba de una copia rechoncha y menguada de su hermano William. A medida que aquellos pequeños perdían la vergüenza, también perdían su solemnidad. Se amontonaban en los dos bancos de madera que Matthew les había proporcionado por el simple método de colocar dos tablones sobre unos travesaños de madera tosca. Cada día luchaban por sentarse en sus asientos predilectos. Si dos o tres rollizos niños se sentaban en un extremo del banco, las pobres niñas del otro extremo corrían peligro. La verdad es que era preciso estar alerta y ser muy paciente para mantener tranquilos aquellos inquietos cuerpecitos durante cuatro horas seguidas. Mientras Kit recurría a trucos ingeniosos, Mercy mantenía el orden gracias a su paciencia. Kit se maravillaba de ver con qué facilidad y dulzura controlaba Mercy sus tareas. Nunca levantaba su dulce y suave voz y jamás perdía la compostura. En el momento en el que las cantarinas sílabas llegaron a su fin, Mercy cruzó la mirada con Kit desde el otro lado de la habitación y sonrió.

—Esta mañana lo habéis hecho todos muy bien —dijo—. Ahora vamos a repetir la primera parte del catecismo, y luego, la señorita Tyler os contará un cuento.

Esta benevolencia que había empezado a practicar Kit el segundo día y había dado tan buen resultado preocupaba a Mercy quien no se sintió con fuerzas de evitarla. ¿Era correcto, preguntaba a Kit, sobornar a los niños con estos cuentos para que se portaran bien? Esta no era la manera con la que el profesor de la escuela imponía la disciplina. Pero Kit no veía nada malo en recompensar a los niños después de un día de trabajo. La verdad es que esperaba la hora del cuento con la misma ilusión que los niños. ¡Si tuviera más cosas para leerles...! La semana pasada les había contado el cuento de Pilgrim's Progress sin omitir ningún detalle que ella recordara. ¡Lo que daría por tener ahora aquel estimado tomo que yacía sobre la mesa del despacho del abuelo! Pero en una semana había conseguido recordar muchos pasajes de la historia y el peregrino ya había viajado desde Slough de Despond hasta la ciudad celestial. Ahora, tenía únicamente la Biblia para leerles, pero entre aquellas negras tapas había mucho más material de lectura que en los versos que elegía el tío Matthew. Kit escogió las historias que más le gustaban y su forma de leer tenía una viveza y un entusiasmo que embelesaba a los niños. Incluso Mercy se sorprendía y a menudo le perturbaba un poco el drama que Kit parecía descubrir en estas familiares narraciones.

Hoy había escogido la parábola de «El buen samaritano».

—Érase una vez —empezó— un hombre que fue de Jerusalén a Jericó y cayó en manos de unos ladrones.

De pronto, Kit tuvo una inspiración. Años atrás, su abuelo la había llevado a Bridgetown para ver una mascarada en que un grupo de artistas de Inglaterra representaban una antigua historia navideña.

—¡Tengo una idea! —dijo excitada dejando el libro sobre la mesa. Once impacientes rostros se volvieron hacia ella. Ya sabían que las ideas de Kit resultaban siempre novedosas y divertidas.

—¿Todos conocéis esta historia, no?

Las cabezas asintieron con gravedad.

—Entonces, en lugar de leérosla, vamos a imaginar que está sucediendo ahora mismo. Imaginémonos que esta habitación es el camino hacia Jericó. Uno de vosotros, tú, Peter, será el hombre que va por el camino. Puedes andar por entre estos dos bancos, así. Y vosotros tres, seréis los ladrones que se le echan encima, le despojan de sus ropas, le hieren y huyen. Martha y Eliza seréis el sacerdote y el levita respectivamente que pasan por el otro lado del camino, lo miráis, y seguís avanzando sin prestarle auxilio. Y Jonathan, puede ser el buen samaritano que lo encuentra y le venda las heridas. Charity, tú serás el posadero, aquí, junto al fuego, y el samaritano te traerá al viajero para que le cuides.

—¡Kit...! —dijo Mercy angustiada—. Nunca he oído nada semejante. ¿Estás segura...?

—¡Oh, Mercy! Es de la Biblia. Bien, ahora cada uno de vosotros tiene que imaginar cómo se sentiría si fuera esa persona. Imaginad que esto no es una habitación, sino un camino polvoriento y caluroso, y tú, Peter, convéncete de que ya estás cansado de tanto andar.

Los niños estaban fascinados. ¡Un juego de mentirijillas en el colegio! Ocuparon sus sitios hablando por los codos de puro nerviosismo. Charity cogió una escoba del hogar y se puso a barrer.

—Un posadero está siempre ocupado —dijo dándose importancia.

Jonathan Ashby permaneció impasible junto a Mercy esperando

su turno para hacer de salvador. Peter empezó su largo recorrido entre los bancos.

Pero Kit cometió un error. Había elegido a sus personajes demasiado precipitadamente. Al azar, había escogido a los tres niños más ruidosos de la escuela para hacer de ladrones, y el desventurado niño que hacía el papel de viajero, era aquel pequeño mojigato y sabiondo alumno a quien todos tenían manía.

El confiado viajero representó su papel tan a conciencia como cuando leía su cartilla. Caminó, remilgado, desde Jerusalén hasta Jericó. De pronto, se le echaron encima los ladrones y arremetieron contra él furiosamente.

—¡Un momento! —gritó Kit—. ¡Tom, Stephen...! ¡Esto es sólo un silumacro! —Pero su advertencia se perdió en el alboroto. Una oportunidad así y además permitida por la autoridad no se había visto jamás. La mojigatería de Peter le ponía realmente en peligro. Sus chillidos eran auténticos. Jonathan, olvidándose completamente de su papel, corrió hacia ellos con los puños cerrados. El posadero se apresuró a defender al caminante con su escoba. Tanto Kit como Mercy se precipitaron hacia ellos pero no fueron suficientemente rápidas.

Por el rabillo del ojo Kit vislumbró dos altas figuras bajo el umbral de la puerta de la cocina. Luego, antes de que pudieran llegar hasta los revueltos niños, surgió una vara de no se sabe donde, que fue a aterrizar sobre una incauta espalda. Unos cuantos chasquidos de vara y unos pocos lamentos agonizantes fueron suficientes para que el silencio y el orden planearan repentinamente sobre la habitación. A través de las sumisas cabezas de los niños, Kit y Mercy se quedaron frente a los dos visitantes: el señor Eleazer Kimberley, maestro del instituto y el reverendo John Woodbrodge.

—¿Qué significa este desorden? —increpó el señor Kimberley—. Venimos a inspeccionar su escuela, señorita Wood, y nos encontramos con este alboroto.

Mercy abrió la boca para dar una explicación pero Kit se le adelantó.

—Es culpa mía, señor. Estaba ensayando una idea que he tenido.

—¿Qué clase de idea?

—Bueno, señor, estaba leyendo en voz alta una historia de la

Biblia y he pensado que en vez..., que a lo mejor sería más instructivo... hacer una..., bueno, representarla y...

—¡*Representarla!*

—Sí, como una obra de teatro, ¿sabe usted? —dijo Kit con la voz entrecortada y confundida por la creciente expresión de horror en ambos rostros. El señor Kimberley parecía al borde del ahogo.

—¿Haciendo una *obra de teatro*, y con la *Biblia*?

El reverendo Woodbridge miraba incrédulo a Mercy.

—¿En qué pensabas, Mercy, para permitir una cosa así?

Mercy apretó con fuerza las manos.

—Yo... Yo no me he dado cuenta de lo que estábamos haciendo —dijo titubeando—. Nunca pensé que hacer teatro fuera esto.

—Estoy indignado... muy enfadado —dijo severamente el reverendo—. Había oído excelentes comentarios sobre su escuela.

El señor Kimberley agitó su vara delante de los niños ahora silenciosos.

—Marchaos directamente a vuestras casas, niños y niñas. Se cierra la escuela. Mañana no volváis. Si la escuela continúa os mandaremos una nota de aviso.

—¡Oh, por favor, señor Kimberley! —rogó Kit mientras los niños se escabullían por la puerta uno por uno—. No puede cerrar la escuela por lo que yo he hecho. No ha sido idea de Mercy. Despídame a mí, si quiere.

El señor Kimberley le echó una mirada que la clase conocía muy bien.

—Sin lugar a dudas, está usted despedida, señorita —dijo fríamente—. Y tendremos que considerar seriamente si Mercy es suficientemente responsable o no para continuar con este cargo.

Cuando los hombres se hubieron marchado, las dos jovencitas permanecieron en silencio. Mercy empezó a ordenar torpemente la habitación enderezando una silla y amontonando las esparcidas cartillas. Dos lágrimas corrían por sus mejillas.

La visión de Mercy llorando era más de lo que Kit podía soportar. Si miraba a aquellas lágrimas un instante más, se le rompería el corazón en mil pedazos. Presa de pánico salió huyendo por la puerta y corrió calle abajo pasando a ciegas por delante de la iglesia, de los mirones que se encontraban cerca de la bomba de agua del pueblo, y de las casas donde vivían sus alumnos. Ignoraba hacia dónde sus pies la llevaban, pero algo muy profundo en su interior había ya elegido un camino. No paró hasta llegar a la gran pradera. Allí, sin pensarlo, abandonó la senda, se metió en un campo y se dejó caer de bruces sobre la hierba con el cuerpo convulsionado por los sollozos. La hierba alta se agitaba sobre su cabeza, ocultándola. Los tallos la arroparon en silencio.

Cuando Kit hubo llorado todo lo que necesitaba, permaneció echada, sin fuerzas para moverse ni para pensar. Quizá durmió un rato, pero en aquel momento abrió los ojos y percibió el olor de la tibia tierra y la aspereza de la hierba contra su cara. Rodó por el suelo y se levantó estirándose y sus ojos parpadearon ante el azul del cielo. Las hierbas siseaban con suavidad al compás de la brisa. El fuerte sol caía sobre ella y su cuerpo se sintió ligero y hueco. Poco a poco, la pradera empezó a transmitirle una gran placidez.

De pronto, sus sentidos le avisaron de que no estaba sola, de que muy cerca de ella había alguien. Levantó la mirada. A sólo unos cuantos pasos de distancia había una mujer sentada, mirándola, una mujer con el pelo blanco y unos ojos marchitos y descoloridos incrustados en un rostro increíblemente arrugado. Mientras Kit la miraba fijamente, la mujer le murmuró con voz cascada:

—Has hecho bien, niña, viniendo a la pradera. Aquí, cuando el corazón está angustiado, siempre se encuentra un remedio.

Kit estaba tan sorprendida que por un momento no fue capaz de mirarla a la cara.

—Lo sé —continuó la voz murmurante—, porque muchas veces lo he encontrado. Por esto vivo aquí.

Kit tensó los músculos y un escalofrío recorrió su columna vertebral. Aquellos hombros encorvados, aquel chal gris y andrajoso, ¡esta era la extravagante mujer del estanque del Mirlo, Hannah Tupper, la bruja! La chica contempló con horror la extraña cicatriz de la frente de la vieja mujer. ¿Era quizá una marca del demonio?

—La gente se pregunta por qué quiero vivir aquí tan cerca del pantano —continuó la voz suave y ronca al mismo tiempo, pero yo creo que tú lo sabes. Lo he visto en tu rostro hace un momento. La pradera también te ha hablado, ¿no es así?

El escalofrío empezó a desaparecer. Por algún motivo inexplicable, aquella pequeña y rara criatura parecía formar parte de aquel lugar. Estaba tan integrada en aquel solitario y tranquilo paraje que su voz bien hubiera podido ser la voz de las praderas.

—No tenía realmente la intención de venir aquí —dijo Kit sin saber por qué—. Siempre quise volver, pero esta mañana parece ser que he llegado hasta aquí por accidente.

Hannah Tupper movió la cabeza como si comprendiera lo que ella intentaba comunicarle.

—Debes de tener hambre —dijo más animada—. Ven, te daré algo para comer. Se puso de pie con torpeza. Al pensar en la hora, Kit se levantó de un salto y sacudiéndose las faldas.

—Tengo que marcharme —dijo precipitadamente—. Debe hacer ya mucho rato que he salido de casa.

La mujer levantó la cabeza y miró a Kit con atención. Sus ojos, casi perdidos entre los pliegues de las arrugas, tenían un destello de humor. Una sonrisa desdentada surcó sus mejillas.

—Será mejor que no vuelvas a casa con este aspecto —le advirtió—. Pase lo que pase, lo soportarás mejor con un poco de comida en el estómago. Ven, está muy cerca.

Kit titubeó. De repente se sintió muerta de hambre, pero aún más que hambre lo que sentía era curiosidad. Fuera quien fuera aquella pequeña y extraña mujer, parecía sin duda alguna inofensiva e inesperadamente interesante. Había acogido a Kit sin preguntas ni sospechas, y, como un niño de la escuela, caminaba ahora delante confiando en que Kit la aceptaría a ella de la misma manera. Dejándose llevar por su impulso, Kit siguió presurosa detrás de ella. A pesar de lo tarde que era, no tenía ningunas ganas de regresar a casa de su tío Matthew.

La pequeña choza con el techo cubierto por unas escasas pajas se combaba hacia un lado. Daba la impresión de que no podría sobrevivir a un fuerte viento y mucho menos a una inundación. Dos cabras paseaban por el borde de un pequeño huerto de hortalizas.

—Detrás de la casa hay un pozo. Saca un poco de agua y lávate la cara, niña.

Kit hizo bajar el cubo asomándose para ver cómo topaba con el lejano círculo de cielo reflejado en el fondo del pozo. El agua refrescó deliciosamente su acalorado rostro y, sedienta, la bebió directamente del cubo. Luego, se alisó los cabellos, abrochó su delantal y entró en la pequeña casa. Su única habitación estaba limpia y reluciente como una concha de mar. Una mesa, una cómoda, el armazón de una cama con un edredón descolorido, una rueca y un pequeño telar formaban todo el mobiliario de la habitación. Unos antiguos cacharros de cocina colgaban de la impecable chimenea. Desde un ladrillo bañado de sol, un enorme gato amarillo las miró abriendo un ojo.

Hannah había puesto sobre la mesa una tablilla de madera con un pedazo de pastel de maíz relleno de arándanos y, junto a éste, una calabaza rebosante de amarillenta leche de cabra. Se sentó para ver cómo Kit comía y ella no probó bocado. ¡Seguramente, pensó Kit demasiado tarde mientras tragaba el último mordisco, aquello era todo lo que la mujer tenía para cenar!

La niña miró a su alrededor. Es una habitación muy bonita, se dijo a sí misma, y luego se preguntó cómo podía haber dicho semejante cosa siendo la habitación muy sencilla y estando literalmente vacía. Era quizá por los rayos del sol que iluminaban los limpios tablones lisos y blancos, o quizá por el ambiente de paz que se desprendía de la habitación, tan tangible como los rayos del sol.

Hannah hizo un gesto con la cabeza.

—Mi Thomas la construyó. La hizo a conciencia y además muy confortable, si no ¿hubiera aguantado todos estos años?

—¿Cuánto tiempo hace que vive aquí? —preguntó Kit llena de curiosidad.

Los ojos de la mujer se nublaron.

—No podría decírselo a ciencia cierta —respondió con vaguedad— pero recuerdo muy bien el día en que llegamos aquí. Anduvimos desde Dorchester, Massachusetts, ¿sabes? Estuvimos mucho tiempo sin ver a otro ser humano. Alguien nos dijo que en Connecticut habría sitio para nosotros. Pero en el pueblo no había ni un pedazo de terreno libre, al menos cuando descubrieron nuestras frentes marcadas. Así pues, anduvimos hacia el río y llegamos a la pradera. El paraje recordaba los pantanos de Hythe. Mi marido fue criado en Kent y para él era como volver a casa. Quiso quedarse aquí y nada cambió su decisión.

Kit tenía muchas preguntas pero no se atrevía a formularlas. En vez de ello, miró alrededor de la habitación y con sorpresa descubrió el único ornamento que contenía. Se puso de pie de un salto y acercándose al estante cogió la pequeña y áspera piedra y la sostuvo con la mano.

—¡Oh! ¡Es coral! —exclamó—. ¿Cómo ha llegado hasta aquí?

Una leve sonrisa iluminó el arrugado rostro.

—Tengo un amigo marinero —dijo Hannah dándose importancia—. Siempre que regresa de un viaje me trae algún regalo.

Kit casi se puso a reír. De todas las cosas más inverosímiles... ¡tenía un romance! Podía imaginarse a aquel amigo marinero, de pelo blanco y curtido por el mar llamando tímidamente a la puerta con un regalo en las manos procedente de una lejana orilla.

—Quizá esto viene de donde soy yo —consideró haciendo rodar la piedra en su mano—. Yo soy de Barbados, ¿sabe?

—No me digas, ¿de Barbados? —dijo la mujer maravillada—. Ya me parecía a mí que tenías un aire diferente. Según dice él, es un paraíso. Por lo menos eso es lo que afirma. A veces pienso que me está tomando el pelo.

—¡Oh, todo lo que le cuenta es verdad! —respondió Kit con fervor—. Es tan bonito... hay flores todos los días del año. Se puede oler su fragancia en el aire, incluso desde el mar.

—Lo echas mucho de menos —dijo Hannah suavemente.

—Sí —admitió Kit dejando la piedra en su sitio—. Creo que sí. Pero más que nada añoro mucho a mi abuelo.

—Esto es lo más problemático —añadió la mujer moviendo la cabeza—. ¿Cómo era tu abuelo, niña?

Los ojos de Kit se llenaron de lágrimas. Desde que había llegado a Norteamérica nadie se había interesado por su abuelo excepto el reverendo Bulkeley, quien únicamente se sentía impresionado por los favores que a aquél le había dispensado el rey. No supo casi por donde empezar a contar cómo era, pero de repente se encontró con palabras impacientes e incoherentes para plasmar los días felices que había vivido en la isla, cómo era la plantación, los largos paseos y los baños, así como la tenue luz y el frescor de la biblioteca y los libros. Luego llegó al momento de la huida hacia Connecticut y toda la amargura y confusión de aquellas últimas semanas.

—Odio esto —confesó—. Éste no es mi sitio. Aquí no me quieren. Tía Rachel sí, pero tiene muchos problemas. El tío Matthew me odia. Mercy es maravillosa y Judith intenta ser simpática, pero yo sé que soy una carga para todos. Todo lo que hago y todo lo que digo está mal.

—Pues ven a la pradera —dijo Hannah dándole unas palmaditas en la mano con su zarpa nudosa—. ¿Qué ha pasado esta mañana?

Hannah escuchaba a la chica moviendo la cabeza como un viejo búho mientras la historia de los infortunios de aquella mañana salía de su boca a borbotones. Cuando Kit abordó la historia del maestro y la vara, le invadió una risita ahogada que interrumpió su discurso. El rostro de Hannah se había transformado en un millón de arrugas que expresaban alegría. Kit dudó, y de repente, el recuerdo también le pareció divertido. Le tembló la voz y luego, las dos, se echaron a reír. Pero en seguida se puso a llorar otra vez.

—¿Qué puedo hacer? —suplicó—. ¿Cómo voy a volver y enfrentarme a ellos?

Hannah guardó silencio durante bastante rato. Sus descoloridos ojos estudiaban a la muchacha que tenía a su lado y ahora no había nada infantil en aquella inteligente y cariñosa mirada.

—Ven —dijo—. Tengo algo que mostrarte.

En el exterior de la casa, contra la pared resguardada que daba al sur, se erguía una única flor escarlata rodeada de hojas verdes en forma de espadín. Kit se arrodilló junto a ella.

—Es igual que las flores de mi casa —dijo maravillada—. No sabía que aquí también hubiera flores como éstas.

—Ésta viene directamente de África, del cabo de Buena Esperanza —dijo Hannah—. Mi amigo me trajo el bulbo, una cosita pequeña y marrón, igual que una cebolla. No pensé que iba a crecer aquí pero por lo visto se ha empeñado en hacerlo y mira en qué se ha convertido.

Kit dirigió una mirada de desconfianza a la mujer. ¿Le estaba echando un sermón? Pero la vieja mujer se limitó a hurgar cuidadosamente la tierra alrededor de la exótica planta.

—Espero que mi amigo vuelva cuando esté todavía en flor —dijo—. Se pondrá tan contento...

—He de marcharme —dijo Kit levantándose.

En seguida algo la impulsó a continuar hablando con sinceridad y dijo:

—Me ha dado una respuesta, ¿verdad? Creo que entiendo lo que me quiere decir.

—La respuesta está en tu corazón —dijo la mujer con voz suave y moviendo la cabeza—. Siempre que escuches a tu corazón, la encontrarás.

Por el camino del sur Kit andaba ahora con una sensación de ligereza y libertad que nunca había conocido desde su llegada al puerto de Saybrook. Hannah Tupper estaba muy lejos de ser una bruja, pero sin duda alguna poseía una magia muy atrayente. En menos de una hora aquella mujer había hecho desaparecer el sentimiento de rebelión que había regido la mente de la niña durante semanas. Sólo era necesario un requisito para que Kit encontrara la paz, y, sin decir palabra, Hannah le había infundido las fuerzas para conseguirlo. Caminó por la calle ancha hasta llegar a una casa de madera, y, con decisión, llamó a la puerta del señor Eleazer Kimberley.

Capítulo 10

—¡No! —gritó Mercy asombrada—. ¡El mismísimo señor Kimberley! ¿Cómo te has atrevido?

—No lo sé —admitió Kit. Ahora que todo había pasado le temblaban las rodillas—. Pero ha sido muy justo conmigo. Me ha escuchado y finalmente ha accedido a darme otra oportunidad. No te fallaré otra vez, Mercy, te lo prometo.

—Nunca pensé que me habías fallado —dijo Mercy con franqueza—. Pero es que tienes una manera de hacer las cosas que sorprende a la gente. Seguro que también has sorprendido al señor Kimberley. No es una persona que cambie fácilmente de parecer.

—Me he sorprendido a mí misma —rió Kit—. Creo que no puedo atribuirme el éxito, Mercy. Pienso que ha sido cosa de brujería.

—¿Brujería?

—He estado con la bruja que vive en la pradera. Ha sido ella la que me ha infundido el valor.

Mercy y su madre cruzaron asombradas sus miradas.

—¿Quieres decir que has hablado con ella? —Mercy frunció el ceño con aire de preocupación.

—Fui a su casa y me dio de comer. Lo que he dicho sobre brujería era una broma. Es la persona más cariñosa que jamás he conocido. Te encantaría, Mercy.

—¡Kit! —dijo la tía Rachel dejando la pesada plancha y mirándola con seriedad—. Será mejor que no digas a nadie que has estado con esa mujer.

—¿Por qué, tía Rachel? Precisamente tú no creerás que es una bruja, ¿verdad?

—No, claro que no. Esto es simplemente un cotilleo malicioso. Pero en Wethersfield nadie trata a Hannah Tupper.

—¿Por qué demonios no se tratan con ella?

—Es una cuáquera.

—¿Y qué tiene eso de malo?

—No te lo puedo decir con exactitud —añadió vacilante Rachel—. Los cuáqueros son gente extraña y muy tozuda. No creen en los sacramentos.

—¿Y eso qué importa? Es tan buena y simpática como... como tú, tía Rachel. Te lo puedo jurar.

Rachel parecía verdaderamente afligida.

—¿Cómo puedes estar tan segura? Los cuáqueros acarrean problemas allá donde van. Critican nuestra fe. Claro, aquí en Connecticut no los atormentamos. Pero he oído decir que en Boston colgaron a algunos. Esta Hannah Tupper y su marido fueron expulsados de Massachusetts. Estuvieron muy agradecidos cuando se les permitió instalarse aquí en Wethersfield.

—¿Ha hecho algún daño?

—No, seguramente no, aunque han corrido rumores. Kit, sé que tu tío se enfadaría mucho por este asunto. Prométeme que no volverás allí nunca más.

Kit bajó la mirada. Todos los propósitos respecto a intentar entender y ser más paciente ya se estaban esfumando y Kit empezó a sentir de nuevo el ansia del desafío.

—No irás, ¿verdad Kit?

—No puedo prometerte esto, tía Rachel —dijo Kit con tristeza—. Lo siento pero no puedo. Hannah han sido muy buena conmigo y está sola.

—Sé que quieres ser buena —insistió Rachel— pero eres muy joven, niña. No sabes cómo el mal puede parecer a veces inocente e inofensivo. Es muy peligroso que veas a esta mujer. Tienes que creerme.

Kit se acercó a sus cardas de lana y se dispuso a trabajar. Sabía lo testaruda y desagradecida que era y asimismo se sentía incómoda. El pequeño y apretado nudo se había tensado en su interior más fuerte que nunca. Al volver de la pradera todo le había parecido tan sencillo, y ahora, aquí, se habían vuelto a enredar las cosas. Únicamente una cosa era cierta. Había encontrado un lugar secreto don de se sentía libre y donde el sol brillaba y reinaba la paz. Nada, nada de lo que la gente dijera la convencería para no volver allí.

¿Debía contarle a William Ashby lo de Hannah?, se preguntaba Kit aquel día mientras hablaban sentados en el crepúsculo de verano. No. Sin duda, se horrorizaría. William todavía le resultaba un extraño a pesar de que cada sábado acudía fielmente al atardecer. Y ahora, cada vez con más frecuencia, a la caída de la tarde entre semana, William también aparecía inesperadamente. Ella nunca estaba segura de los pensamientos que ocultaban aquel rostro impávido pero en cambio había aprendido a reconocer aquella súbita tensión en los músculos de su mandíbula cuando le decía algo chocante. Y esto pasaba bastante a menudo, a pesar de las buenas intenciones de Kit. Ahora, sería mejor no provocarle mencionando a la inofensiva cuáquera.

Le hubiera gustado contárselo a John Holbrook, pensó, pero nunca se presentaba el momento de hablar con él a solas. Estos días de cálido verano John formaba parte con frecuencia de las reuniones de familia en el exterior de la casa. Las mujeres se sentaban en las escaleras de la entrada con sus labores de punto y allí conversaban tranquilamente hasta que los mosquitos o la oscuridad les hacía entrar en casa. John nunca había solicitado permiso formalmente para venir de visita, sino que había tomado al pie de la letra la invitación de Rachel para visitarles de nuevo. No había habido indicios de que John cortejara a Judith, pero a veces consentía en ir a pasear con ella cuando ella le sugería caminar a la luz del crepúsculo. En cuanto a las intenciones de John, este paseo era todo el incentivo que Judith necesitaba, y, realmente, bastaba para satisfacer a toda la familia.

Ni siquiera su padre podía ignorar que Judith estaba enamorada. Después de aquella primera revelación, la muchacha no había vuelto a decir ni una palabra, ni siquiera a Mercy o a Kit. Pero había un brillo en sus ojos, un cálido rubor en sus mejillas y una nueva ternura en su forma de ser. A medida que el verano iba avanzando, su cáustica lengua atacaba cada vez menos a su prima. Ya no hablaba tanto y se sumergía en su mundo secreto con más frecuencia. Kit la observaba medio envidiosa medio intrigada. El sobrio joven estudiante de teología constituía un extraño compañero para el alegre carácter de Judith. Incluso Kit estaba un poco decepcionada con John. Contrariamente a William, siempre tan seguro de sí mismo, John parecía casi incapaz de tomar una decisión. Cuando la conversación apuntaba hacia la política, como sucedía invariablemente, William hacía mucho mejor papel que John. Nada de lo que decía o hacía el reverendo Bulkeley estaba mal hecho a los ojos de su pupilo, incluso en lo que se refería a la ferviente defensa de las leyes del rey que iban en contra de su propia educación. Matthew Wood, después de hostigar al joven estudiante con feroces preguntas que le confundían, le había bautizado desdeñosamente como «el joven adulador sin una mente propia». Kit, por una vez, estaba de acuerdo con su tío. Probablemente, concluyó Kit, no sería buena idea preguntarle a John por Hannah Tupper. Pensara lo que pensara el doctor Bulkeley sobre los cuáqueros, John pensaría lo mismo. Kit tuvo que esperar dos semanas para poder ir de nuevo a las praderas.

Kit mantuvo la promesa que le había hecho al doctor Bulkeley y se sumergió en el trabajo de la escuela con tanta diligencia que los niños estaban fascinados. Se acabaron los cuentos, los juegos y los pequeños poemas heterodoxos. Después de la clase, tenía que quitar hierbas en el huerto y recolectar la primera cosecha de lino de las lomas que se encontraban en lo alto del pueblo. Finalmente, una calurosa tarde, Kit y Judith terminaron temprano su tarea en el campo de cebollas, y, al regresar cansadas por el polvoriento sendero, Kit alzó la vista a través de los campos en dirección al inclinado tejado de la casa del estanque del Mirlo, y tuvo la sensación de que no podía pasar de largo una vez más.

—Me voy allá, a ver a Hannah Tupper —declaró intentando parecer decidida.

—¿A la bruja? Kit, ¿has perdido la cabeza? —dijo Judith escandalizada.

—No es una bruja y tú lo sabes. Es una mujer que está muy sola y si la conocieras te gustaría mucho.

—¿Cómo lo sabes? —preguntó Judith.

Kit contó a su prima la historia, breve y detalladamente de su encuentro en la pradera.

—¡No entiendo cómo te atreviste! —exclamó Judith—. Verdaderamente, Kit, haces unas cosas muy extrañas.

—Ven conmigo Judith, y compruébalo tú misma.

—No pondría un pie en esa casa por nada del mundo y creo que tú tampoco deberías hacerlo. Padre se pondrá furioso —contestó Judith sin ceder.

—Entonces sigue tú, yo no tardaré mucho.

—¿Qué digo en casa?

—Si quieres, diles la verdad —respondió Kit a la ligera sabiendo positivamente que Judith, a pesar de no estar conforme, no la delataría. El hecho de ser ambas las más jóvenes en aquella casa constituía un vínculo común suficientemente fuerte para no delatarse mutuamente. Y diciendo esto se encaminó hacia la casa atravesando los campos herbosos dejando a su prima, dubitativa, de pie en el camino.

Del interior de la pequeña choza surgía un placentero murmullo. Hannah estaba sentada delante de su pequeña rueca de lino haciendo girar vigorosamente el pedal con los pies.

—Siéntate, niña, mientras termino el ovillo —dijo sonriendo como si Kit acabara de salir de la casa en aquel momento. Kit se sentó en un banco a escuchar el zumbido de la rueca.

—He venido a decirle que he hecho las paces con el maestro de la escuela —dijo por fin—. No he podido venir antes porque he retomado mi puesto de profesora.

Hannah movió la cabeza sin denotar sorpresa alguna.

—Estaba segura de que lo harías —comentó—. ¿Van mejor las cosas ahora?

—Sí. Creo que sí. Por lo menos el señor Kimberley debería estar satisfecho. Dice que los niños son malos por naturaleza y que hay que llevarlos con mano dura. Pero no es nada divertido mantener la mano firme y estar tan seria todo el día. Estos niños me dan pena.

Hannah miró a Kit de reojo.

—A mí también —dijo secamente—. ¿Te ha hecho prometer el maestro que no sonreirás nunca?

Kit devolvió la mirada a aquellos ojos descoloridos y captó el brillo en su interior. De pronto, se echó a reír.

—Tienes razón —confesó—. Ni siquiera me he atrevido a sonreír. Tengo miedo de que si me dejo ir un poquito cometeré otra vez alguna barbaridad. Pero Mercy sonríe todo el día y mantiene el orden al mismo tiempo.

Kit alargó el brazo y cogió la gata que dormía en el suelo. La colocó sobre su regazo y comenzó a hacerle cosquillas bajo el mentón hasta que un ronroneo de satisfacción se confundió con el murmullo de la rueca. Los rayos de sol del atardecer se filtraban oblicuamente por la puerta de entrada y caían sobre las manos nudosas de Hannah mientras éstas se movían velozmente y con seguridad. Kit se llenó de paz. El ambiente era cálido y le hacía sentirse feliz.

—¡Qué deprisa va! —le dijo observando cómo menguaba el hilo de la bobina. ¿Ha recogido usted el lino?

Hannah metió los dedos en el cascarón de la calabaza sin aminorar la marcha de la rueca.

—Algunas familias del pueblo me traen su lino para hilar —explicó—. Si me permites decirlo, yo sé hilar muy bien, pero cada año se me hace más difícil porque pierdo visión. Lo tengo que hacer al tacto. Ahora ya está bastante suave, ¿no te parece?

Kit admiró el lino, fina y perfectamente hilado que se deslizaba uniformemente por los dedos de Hannah.

—Es precioso —dijo—. Ni siquiera Mercy es capaz de hilar así.

Hannah se puso más contenta que un niño.

—Cuatro peniques el ovillo —dijo—. Suficiente para pagar los impuestos y comprar lo que necesito.

—¿Impuestos? ¿Por este terreno pantanoso? —dijo Kit indignada.

—Claro —dijo Hannah realista—, más las multas por no ir a la iglesia.

—¿Le hacen pagar multas por esto? ¿No sería mejor ir a la iglesia? —Kit miró a su alrededor y vio la ropa remendada y el escaso mobiliario de aquella pequeña habitación.

—Dudo que me recibieran bien —dijo Hannah secamente—. En el caso de que me decidiera a ir. En Massachusetts, nosotros los cuáqueros teníamos nuestro propio culto.

—¿Puedo yo hacerme cuáquera? —preguntó Kit medio en broma—. Preferiría pagar una multa diaria que ir a la iglesia.

Hannah se rió.

—Uno no se hace cuáquero sólo para no ir a la iglesia —dijo mientras Kit se sonrojaba al oír el tono de reproche de su voz.

—¿Cómo se convierte uno en cuáquero? —preguntó seriamente—. Me gustaría saber algo acerca de los cuáqueros, Hannah.

La mujer guardó silencio durante un momento. Antes de que pudiera contestar, una sombra apareció por la puerta. Una figura muy alta invadió el umbral de la puerta. Kit se quedó mirando fijamente. Durante unos segundos pensó que Hannah había hecho aparecer una visión. Allí, cosa increíble, estaba Nathaniel Eaton, el hijo del capitán, apoyado tranquilamente en el marco de la puerta con aquella inolvidable sonrisa burlona en sus ojos.

—Tendría que haberme figurado que vosotras dos os encontraríais.

El rostro de Hannah expresaba alegría.

—Estaba segura de que hoy vendrías —dijo triunfante—. Esta mañana ha visto cómo el *Delfín* atracaba delante de la isla Wright. Kit, querida, éste es el maravilloso amigo del que te hablé.

Nat hizo una reverencia.

—La señorita Tyler y yo ya nos conocemos —dijo.

Nat dejó disimuladamente en el suelo un pequeño barril que llevaba bajo el brazo, pero Kit lo vio en seguida. Un barril de fina maleza de Barbados. ¡Así que este amigo marinero de Hannah traía chucherías de coral y bulbos de flores desde muy lejos! Hannah también se había dado cuenta.

—Que Dios te bendiga, Nat —dijo suavemente—. Ahora siéntate y cuéntanos dónde has estado todo este tiempo.

—En Charlestown —respondió sentándose encima de un barril. Instantáneamente, la gata se deslizó del regazo de Kit y con un agudo maullido saltó sobre las rodillas de Nat y se puso a girar alegremente. Nat hizo una mueca mientras las uñas de la gata se hundían entusiastas en la áspera tela de su pantalón.

Hannah acabó de hilar y permaneció sentada descansando sus manos sin apartar sus ojos del joven marinero.

—¿Y tu padre? —preguntó Hannah.

—Está muy bien y te manda saludos.

—Cada mañana he estado vigilante por si soplaba el viento pensando que tú podrías estar llegando por el río. Ayer le dije a Thomas: Tom, voy a guardar los últimos arándanos por si el *Delfín* llega pronto. Se pondrá contento cuando le diga que has estado aquí.

Kit se quedó sin respiración. Hannah había hablado como si su marido, que llevaba tantos años muerto, estuviera todavía allí, en la pequeña casa. Una nube había pasado ante los ojos de la mujer, una confusión que Kit ya había observado anteriormente. Kit miró a Nat preocupada. Éste no parecía haber notado nada extraño, y, sin darle ninguna importancia, había alargado su brazo y posado su mano sobre los gastados dedos de Hannah.

—¿Ha tenido ya crías la cabra? No me digas que las has vendido antes de que yo pudiera verlas.

La vaguedad en la mirada de Hannah había desaparecido a la misma velocidad con la que había llegado.

—He tenido que hacerlo —dijo Hannah con pesar—. Invadían el campo de maíz. Me las pagaron bien, dos madejas de lana para hacerme una capa nueva.

Nat se apoyó en la pared y contempló a Kit con franco interés. Ésta había olvidado aquel color azul tan intenso como el mar que tenían sus ojos.

—Dime —le preguntó Nat—, ¿cómo te han dejado conocer por fin a Hannah?

Kit dudó y Hannah se echó a reír.

—¿Cómo encontraste tú el camino para llegar hasta aquí? Es algo muy extraño que los únicos dos amigos que tengo los haya encontrado de la misma manera, echados en la pradera y llorando, como si sus corazones se fueran a romper.

Los dos jóvenes se miraron.

—¿Tú? —susurró Kit incrédula.

—Te aclararé que sólo tenía ocho años —explicó Nat riendo.

—¿Te habías escapado de casa?

—Sí. Íbamos río abajo y mi padre me dijo que me iba a dejar en Saybrook en casa de la abuela para pasar el invierno e ir a la escuela. Me pareció el fin del mundo. Nunca había vivido en ningún lugar excepto en el *Delfín* y tampoco se me había ocurrido pensar que alguien que no fuera mi padre me pudiera enseñar algo. Nunca había visto nada semejante a las praderas. No se acababan nunca, y, de repente, tuve mucha hambre, me sentí perdido y me invadió el miedo. Hannah me trajo aquí y me limpió los arañazos de las piernas. Incluso me regaló una gatita para que me la llevara a casa.

—Una pequeña tigresa gris —recordó Hannah.

—Aquella gata fue nuestra mascota durante seis años. Ni un solo marinero hubiera levado anclas sin ella.

Kit estaba extasiada.

—Me lo puedo imaginar —dijo riendo—. ¿Hannah también te ofreció pastel de arándanos?

—Aquí mismo sobre esta mesa —dijo Hannah—. Me había olvidado de lo mucho que comen los niños.

Nat volvió a acariciar la mano de Hannah.

—La cura mágica de Hannah para los enfermos —bromeó—. Pastel de arándanos y una gatita.

—¿Volviste a la escuela? —preguntó Kit.

—Sí. Hannah vino conmigo hasta el barco y por alguna razón me sentí más valiente que un león. Ni siquiera me importaba la azotaina que me aguardaba.

—Ya lo sé —dijo Kit recordando su larga caminata hasta la puerta de la casa del señor Kimberley.

—Y ahora, los dos, podéis cenar conmigo —dijo Hannah feliz como un niño ante la idea de la prometedora fiesta. Pero Kit se puso en pie de un salto echando una ojeada al sol.

—¡Oh, Dios mío! —exclamó—. No me había dado cuenta de que es la hora de cenar.

Hannah le brindó una sonrisa.

—Que Dios te acompañe, niña —dijo dulcemente—. No necesitó añadir nada más. Ambos sabían que Kit volvería.

Nat la siguió hasta la puerta.

—No me has dicho de qué estás huyendo —le recordó—. ¿Tan mal te ha ido aquí en Wethersfield?

Kit se lo hubiera contado pero al mirarle observó en aquellos ojos azules una señal de «ya te lo decía» que la obligó a callar. ¿Se estaba burlando Nat de ella por comportarse como una niña de ocho años?

—No, por cierto —dijo irguiendo la cabeza—. Mi tío y mi tía han sido muy cariñosos conmigo.

—¿Y has conseguido mantenerte alejada del agua?

¡Aquel tono de superioridad la irritaba!

—Pues la verdad —dijo Kit con arrogancia— es que soy maestra en la escuela.

Nat hizo una reverencia.

—¡Qué lujo! —dijo—. ¡Una señorita maestra!

Instantáneamente, Kit se arrepintió de sus palabras.

Pero cuando Nat la siguió por el camino su tono cambió.

—Sea lo que sea —dijo seriamente—, me alegro de que hayas conocido a Hannah. Ella te necesita. ¿Le echarás una mano, verdad?

¡Qué persona tan contradictoria!, pensó Kit mientras andaba presurosa por la carretera sur. Siempre la ponía en una situación desventajosa y, sin embargo, le sorprendía en cualquier sitio, dejándole sacar la cabeza por una puerta que siempre parecía cerrarse de golpe antes de que pudiera entrever algo. Nunca sabía a ciencia cierta qué es lo que podía esperar de él.

Capítulo 11

El sol de pleno verano caía pesadamente sobre el valle de Connecticut. Los pies descalzos de los niños estaban cubiertos de polvo fino de la carretera. Los cuerpecitos se retorcían en los duros bancos de la cocina y las miradas de aquellos principiantes acariciaban a través de la puerta la prohibida luz del sol. Kit estaba tan inquieta como sus alumnos.

Si pudiera ser como Mercy, pensó Kit. Cuando oyó su voz elevarse de exasperación se sintió avergonzada pues se acordaba de la infinita paciencia de Mercy. Aquella mañana, al mirar a Mercy volvió a pensar seriamente en las palabras que ésta había pronunciado al principio del verano. En una ocasión una tarde Judith había invitado a Kit a salir con ella y otras amigas a coger flores y a merendar en la orilla del río. En el último momento, Kit se había vuelto hacia Mercy y había gritado impulsivamente:

—¡Oh, Mercy! ¡Si pudieras venir con nosotras! ¿Cómo puedes soportar quedarte siempre en casa?

Y Mercy había respondido con serenidad:

—Ya me acostumbré hace tiempo. Lo recuerdo muy bien. Padre me había llevado hasta la puerta de la casa y me senté allí para que contemplara cómo jugaban los niños en la carretera. Pensé en todo lo que yo nunca sería capaz de hacer y también en lo que sí podría realizar. Desde entonces, no he vuelto a pensar en ello.

La enseñanza era algo que Mercy podía ejercer con oficio y amor. Pero Kit, a menudo se preguntaba si valía la pena esforzarse tanto para aprender a leer. Ella había estudiado con ansia para poder abrir los maravillosos volúmenes de la biblioteca de su abuelo, pero la mayoría de estos niños nunca llegaría a saber que con las palabras puede vivirse una gran aventura. Aquí en Nueva Inglaterra, los libros contenían únicamente una aburrida colección de sermones o, a lo sumo, alguna piadosa poesía religiosa.

Kit, suspirando, echó una ojeada por encima de las dóciles cabezas de sus alumnos hacia la puerta abierta, y, de repente, un movimiento llamó su atención. Kit se apresuró a ver lo que ocurría en aquel lugar.

«Estoy segura de que allí hay alguien», pensó. «Hoy lo voy a descubrir».

Sí, por tercera vez, un ramo de flores, margaritas y geranios silvestres, yacía sobre las escaleras. Cuando Kit se arrodilló para recogerlo percibió claramente cómo una sombra desaparecía detrás de un árbol. La curiosidad le hizo olvidarse de sus alumnos y saliendo hasta la carretera pudo ver a plena luz una pequeña figura que reconoció en seguida: era Prudence Cruff.

—¡Prudence! —gritó Kit—. No te escapes. ¿Eres tú la que me ha dejado las flores?

La niña salió lentamente de detrás del árbol. Estaba más delgada que nunca, e iba vestida con una especie de saco sin forma atado por la cintura. Sus ojos, demasiado grandes para aquella cara cansada, miraron a Kit con ansiedad. Aquella mirada le recordó a Kit la de un cervatillo que una mañana había merodeado cerca de la casa. Se había acercado igual que ella, temblando de anhelo por la comida que Mercy le ofrecía, y a la vez tenso, dispuesto a salir huyendo al primer indicio de peligro.

—¿Para quién son las flores, Prudence?

—Para ti —la voz de la niña no era más que un ronco susurro.

—Gracias, son muy bonitas. Pero, ¿por qué no entras en la escuela como los otros niños?

—Soy demasiado mayor —dijo Prudence tartamudeando.

—¿Quieres decir que ya sabes leer?

—No. Papá quería que fuera a la escuela pero mamá dijo que soy demasiado estúpida.

—Tú no lo crees, ¿verdad, Prudence? —El dedo gordo del pie de la niña hurgó el polvo del camino.

—No lo sé. Pero cuando la puerta está abierta puedo oírte y apuesto algo a que podría aprender tan bien como ellos.

—Claro que podrías, y tendrías que hacerlo. ¿Por qué no entras conmigo ahora mismo? Ya verás lo fácil que es.

—Alguien se chivaría —dijo Prudence sacudiendo la cabeza con energía.

—Y si lo hace, ¿qué?

—Mamá me azotaría. No tengo permiso para hablar contigo.

Recordando los finos labios y de expresión dura de la señora Goodwife Cruff, Kit no insistió.

—Prudence —sugirió—, si quisieras de verdad, podrías aprender a leer sola.

—No tengo cartilla.

—¿Existe algún lugar donde podamos encontrarnos sin que alguien te descubriera? —preguntó Kit recordando algo—. ¿Puedes ir a las praderas?

—A nadie le importaba donde yo vaya siempre y cuando haya terminado mi trabajo —dijo Prudence asintiendo.

—Entonces, si puedes reunirte conmigo allí esta tarde te traeré una cartilla y te enseñaré a leer un poco. ¿Vendrás?

—Si termino mi trabajo, sí —suspiró Prudence.

—¿Conoces el caminito que va desde la carretera hasta el estanque del Mirlo?

—¡Allí vive la bruja! —dijo Prudence tragando saliva.

—No seas tonta. Es una señora muy cariñosa, incapaz de hacer daño a una mosca. Pero de todas maneras no tienes que ir tan lejos. Al final del camino hay un sauce muy grande. Te esperaré allí. ¿Intentarás ir?

Producía dolor ver la lucha que tenía lugar detrás de aquellos ojos redondos.

—A lo mejor —murmuró Prudence, y luego, dando la vuelta, echó a correr.

Kit regresó lentamente hacia la clase. ¿Qué excusa podría dar hoy para poder abrir sus baúles? Recordaba que en el fondo de uno de ellos había una cartilla. Se la habían traído de Inglaterra unos amigos de su abuelo. Estaba adornada con filigranas de plata y forrada de satén rojo, y tenía, además, un asa de plata. Nunca la había usado. Kit recordaba cómo se habían sorprendido los visitantes cuando leyó todas las letras de corrido. Aquel regalo le encantaba pues su encuadernación resultaba deliciosa.

Es una pena que los niños no puedan aprender a leer bajo un

sauce, pensó Kit una semana más tarde. Prudence y ella se sentaban sobre una fresca alfombra de hierba. Una cortina de ramas de color verde pálido rozaba el césped y filtraba una filigrana de sombras tan delicadas como la plata labrada sobre el rostro de la niña. Esta era la tercera lección. Al principio Prudence había permanecido muda. A lo largo de su corta vida, esta criatura nunca había sostenido entre sus manos algo tan precioso y exquisito como aquella pequeña cartilla plateada. Durante los primeros momentos había estado demasiado aturdida para darse cuenta de que el pequeño catón sujeto a la cartilla contenía las mismas as, bes y abes que había oído pronunciar a través de la puerta abierta de la escuela. Pero ahora, en esta tercera clase Prudence absorbía las preciosas letras con tanta rapidez que Kit se percató de que pronto necesitaría un nuevo libro de lectura.

—Se está haciendo tarde, Prudence. No quiero que tengas problemas y, además, yo también tengo que regresar.

La niña suspiró e hizo el gesto de devolver, sumisa, la cartilla a Kit.

—Es tuya, Prudence. Quiero que sea un regalo para ti.

—Ella nunca permitirá que tenga una cosa así —dijo la niña con pesar—. Tendrás que guardármela tú.

Kit se detuvo a pensar. Había estado buscando una excusa para llevar a Prudence a casa de Hannah. Tenía el presentimiento de que la niña necesitaba aquel reconfortante refugio más que ella misma.

—Ya sé lo que haremos —sugirió—. Dejaremos el libro en casa de Hannah. Así, cada vez que lo necesites puedes venir hasta aquí y recogerlo.

Una expresión de terror hizo palidecer el rostro de la niña.

—Prudence, escúchame. Tienes miedo de Hannah porque no la conoces y porque has oído cosas sobre ella que no son ciertas.

—¡Me cortará la nariz si me acerco a ella!

Kit rió, luego cogió las manos de la niña entre las suyas y le habló con toda la franqueza de que fue capaz.

—¿Te fías de mí, no es cierto?

La pequeña asintió solemnemente.

—Entonces, ven conmigo y lo verás por ti misma. Te doy mi palabra de honor de que nadie te hará daño.

La huesuda mano temblaba entre las de Kit mientras recorrían el verde camino, pero Prudence caminaba junto a ella con mucha decisión. A Kit, de repente, le dolió el corazón lleno de pena y también de gratitud por la confianza ciega que la niña depositaba en ella.

—Le traigo de visita a otra rebelde —le dijo a Hannah al llegar a la puerta. Los desvaídos ojos de Hannah centellearon.

—¡Qué día más hermoso! ¡Cuatro gatitos nuevos y, ahora, nuevas visitas! Venid a verlos.

En un rincón de la choza y sobre un montón de suave hierba se encontraba enroscado el gran gato amarillo que protegía a cuatro pequeñas bolas de peluche. Con un altivo ronroneo y con los ojos de color topacio relucientes, el gato los miró. Completamente desarmada Prudence se dejó caer de rodillas junto a los gatitos.

—¡Oh, qué preciosidad! —susurró la niña—. Dos gatitos negros, dos a rayas y uno amarillo. —Kit y Hannah sonrieron inclinadas sobre su cabecita.

—Si lo haces con mucho cuidado, puedes coger uno —le dijo Hannah.

Con un gatito negro acurrucado en sus manos, Prudence observó cómo Hannah y Kit buscaban un lugar seguro para guardar la cartilla.

—Puedes venir cuando quieras, niña. Te la guardaré en este lugar tan seguro. Ahora dime, ¿qué has aprendido hoy? ¿Qué letra es ésta?

Hannah dibujó una B muy clara en la limpia y clara arena del suelo. Kit retuvo la respiración mientras miraba a Prudence. Pero aquellos ojos de cervatillo no expresaban ningún temor aun viendo cómo Hannah sostenía el bastón. Prudence lo cogió con audacia con su propia mano y llena de orgullo empezó a trazar líneas en la arena con esmero.

—Creo que queda un poco de pastel de arándanos para una alumna tan lista —dijo Hannah animándola.

El pedazo de pastel desapareció en un abrir y cerrar de ojos. «La cura mágica de Hannah», como había dicho Nat, «pastel de arándanos y un gatito». Kit sonrió al ver cómo Prudence sucumbía ante ambas cosas. Pero había además un ingrediente invisible que ayudó a que la cura fuera infalible. La Biblia lo llamaba amor.

—¿Por qué dicen que es una bruja? —inquirió Prudence cuando ambas regresaban lentamente por el sendero.

—Porque nunca han intentado conocerla. Las personas tienen

miedo de lo que desconocen. Ahora no te da miedo, ¿verdad? Irás a verla cuando puedas aunque yo no esté, ¿no es así?

La niña recapacitó y finalmente dijo:

—Sí. Volveré a la primera oportunidad que tenga. Y no porque la cartilla esté allí. Creo que Hannah se siente muy sola. Claro que tiene el gato para hablarle, pero ¿no crees que a veces quisiera tener a alguien que le respondiera?

Al observar cómo Prudence corría hacia su casa, Kit tuvo un sentimiento de culpa. Como siempre, había vuelto a actuar impulsivamente sin pensar en las consecuencias. Ahora, ya demasiado tarde, empezó a inquietarse. ¿Había acertado arrastrando a Prudence a su mundo secreto? Kit encontraba plenamente justificable engañar a sus tíos, pues estaban equivocados y eran muy estrechos de miras. Pero sólo pensando en la señora Goodwife Cruff, se ponía a temblar. Sin embargo Prudence, en aquel momento, parecía tan desamparada... Necesitaba un amigo. Durante algunas horas aquellos ansiosos y asustados ojos se habían llenado de confianza y felicidad. ¿No valía la pena arriesgarse un poco? Kit se sacudió sus remordimientos y se encaminó hacia su hogar y el consiguiente aburrido atardecer.

Últimamente William no hacía nada más que hablar de su casa. Le gustaba explicar exactamente cuántos árboles habían talado y cuántos tablones habían cortado. Hoy, mientras la familia entraba en la casa huyendo de la humedad del río al anochecer, contó que había estado hablando con el carpintero que partía el roble blanco en tablas.

—Creo que no me he equivocado al decidir que fueran de roble —le dijo—. Claro que dos peniques al día para el carpintero es mucho, pero...

A veces Kit deseaba taparse los oídos. ¿Tenía que oír el precio de cada clavo de las tablas y que estos clavos eran los más caros para cualquier bolsillo? Ya estaba cansada de aquella casa antes de que se colocara la primera viga en su lugar.

Judith, sin embargo, estaba muy interesada en estos detalles. Le gustaba hablar de las líneas, las formas y también tenía su propio gusto sobre las cosas, y a Kit le parecía obvio que mientras William planeaba su casa, Judith la comparara, madero por madero, con la casa de sus sueños. Sus propósitos eran evidentes al intentar imlicar a John Holbrook en la conversación con habilidad.

—Creo que tendrás que poner un tejado de esos nuevos, William —decía ahora—. Lo llaman tejado a la holandesa. Como el de la casa nueva de la carretera de Hartford. Se ve tan elegante, ¿no te parece, John?

Mercy rió ante la perplejidad de John.

—Me parece que John ni se da cuenta de que tiene un tejado encima de la cabeza —bromeó con dulzura—, a no ser que la lluvia le moje la nariz.

—Pero entonces, recogerá su libro y se irá a otro sitio —añadió Kit.

William no sonrió. Estaba recapacitando seriamente sobre el asunto del tejado.

—Quizá tengas razón, Judith. Mañana, cuando vaya a Hartford, echaré una atenta ojeada a la casa. Claro que uno nunca sabe si debería arriesgarse a adoptar un estilo nuevo como ése.

¡Oh, por Dios! Kit, perdiendo la paciencia, dio tal estirón a la lana que el ovillo cayó y rodó por el suelo. William se inclinó para cogerlo pero fue demasiado lento y tuvo que ponerse de rodillas para rescatarlo de debajo del banco. Algunos hombres, pensó Kit, saben recoger un ovillo de lana sin parecer ridículos. Le dio las gracias con desgana.

Fue Mercy, como siempre, quien suavemente les condujo hacia unas aguas más serenas.

—¿Qué nos has traído como lectura esta noche, John? —preguntó—. Judith, enciende un candelabro para que veamos.

En esto estaban todos de acuerdo. A John le encantaba leer en voz alta y ellos estaban igualmente contentos de escucharle. Para todos, el día era arduo, duro y no tenían nada para alimentar sus mentes y sus espíritus. Los libros que John compartía con ellos les habían abierto una ventana hacia un mundo más amplio. A lo mejor, mientras cada uno de ellos escuchaba, podía atisbar a través de aquella ventana abierta, un mundo privado y desconocido para los demás. Matthew Wood permanecía sentado y sopesando casa pensamiento nuevo. Rachel, sospechaba Kit, agradecía la paz y la tranquilidad de aquellos momentos tanto como la misma lectura. Los pensamientos de William eran imposibles de descifrar. Kit a menudo deseaba que aparte de los tratados de religión que tanto gustaban a John, les leyera otras cosas, pero a pesar de ello la belleza de la voz de John desplegaba un encanto mágico.

Esta noche tocaba poesía.

—Estos poemas fueron escritos por una mujer en Boston —explicó John— Anne Bradstreet, esposa del gobernador de Massachusetts. El doctor Bulkeley opina que se pueden comparar a la mejor poesía de Inglaterra. Esto es lo que escribe acerca del sol:

> «*¿Estás tú tan lleno de gloria*
> *que no hay ojo con la suficiente fuerza*
> *para retener el brillo de tus rayos?*
> *¿Y tu espléndido trono se yergue tan alto*
> *que no hay tierra que pueda acercársele?*
> *¿Cuán lleno de gloria estará entonces tu creador?*
> *A quien te dio entonces esta brillante luz,*
> *admirado y adorado sea esta majestad para siempre.*»

Las agujas de Kit se movieron más despacio. Sus nervios a flor de piel se relajaban y, mientras la clara y profunda voz continuaba la lectura, fue invadida por un sentimiento de bienestar como el que le producían los rayos de sol en la pradera.

John ya forma parte de la familia, pensó Kit. Todos hemos aprendido a quererle. El tío Matthew cree que es débil, pero yo sospecho que por dentro ambos están hechos de la misma roca de Nueva Inglaterra. Para John, todo lo que concierne a su vida, incluso la chica que se case con él, estará siempre en segundo término. Lo primero es su trabajo. ¿Es Judith consciente de esto? —me pregunto— y, si lo es, ¿pensará que puede cambiarlo?

De pronto, quizá porque la poesía había abierto su corazón, Kit levantó la vista y descubrió algo. Mercy estaba sentada, como siempre, ligeramente escondida entre las sombras junto al hogar, sus agujas moviéndose automáticamente y ella sin mirar apenas lo que tejía. Ahora el resplandor del candelabro arrojaba una luz brillante y fugaz sobre su rostro. Aquellos dos grandes ojos estaban fijos en el rostro del joven que se inclinaba sobre el libro. Y, por un instante, Mercy fue delatada por su propio corazón. Estaba enamorada de John Holbrook.

Las sombras envolvieron de nuevo a Mercy más rápidas que un pensamiento. Kit miró a su alrededor. Nadie más lo había notado, Judith estaba sentada, inmersa en sus ensoñaciones, con una pequeña sonrisa secreta en sus labios. Rachel cabeceaba de sueño, demasiado cansada para mantener su atención en la lectura. Matthew estaba atento, listo para saltar ante cualquier posible asomo de herejía.

Tenía que haberlo imaginado, pensó Kit, con manos temblorosas. ¡Mercy y John Holbrook! ¡Qué perfecto, qué increíble y absolutamente perfecto sería y... qué imposible!

Ojalá no lo hubiera visto, pensó en un arranque de tristeza. Sin embargo, sabía que no lo olvidaría en toda su vida. La llama que había ardido en los ojos de Mercy era de una pureza y de una entrega tal que, todo lo que Kit había visto hasta ahora, parecía pálido en comparación. ¿Qué se debía sentir al querer a alguien de aquella manera?

Capítulo 12

La escuela acabó a mediados de agosto y cientos de labores aguardaban para llenar las horas. Había que recoger las cebollas, introducirlas en unos sacos que Mercy había confeccionado, y almacenarlas preparadas ya para ser acarreadas hasta Hartford, o trocadas por otros bienes cuando un barco de vela llegara por el río. Las manzanas tempraneras esperaban ser peladas, troceadas y secadas al sol para ser consumidas en invierno. Había que elaborar sidra con las peras silvestres. La primera cosecha de maíz aguardaba en lo alto de la pradera. A menudo Kit, Judith e incluso Rachel trabajaban en los campos codo a codo con Matthew hasta la puesta del sol. Y no quedaba ni un momento para el ocio. Ahora era muy difícil encontrar un rato para visitar en secreto a Prudence y Hannah. De vez en cuando, por suerte, Kit se quedaba sola y hacía su trabajo a doble velocidad para correr luego sendero abajo en dirección al estanque del Mirlo, con la esperanza de que Prudence también hubiera podido escaparse.

Un día lleno de sol, Kit se encontró inesperadamente con toda una tarde libre de tareas. Había estado ayudando a Rachel y a Judith a fabricar toda la provisión de velas para el invierno. Era un trabajo sofocante y pegajoso. Se habían pasado dos días hirviendo las pequeñas bayas de laurel que ella y Judith habían recogido en los campos, y Rachel había espumado ya el grueso y verdoso sebo. Éste hervía ahora, lentamente, en una gran olla de hierro, bajo un fuego que había que mantener constantemente encendido durante todo el largo y caluroso día. Al otro lado de la cocina, a una buena distancia del calor de la chimenea, los moldes para las velas colgaban suspendidos de los respaldos de las sillas. Las tres mujeres iban y venían trajinando con los moldes, sumergiendo las basculantes mechas en el sebo y volviéndolos a colgar para que se enfriaran, luego los sumergían de nuevo hasta que la cera se endurecía para convertirse en aquellas rígidas velas que llenarían la casa de fragancia durante todos los meses siguientes.

Finalmente Rachel, retirándose de la frente los húmedos mechones de cabello gris, se quedó contemplando las hileras velas verdosas de lisa superficie.

—Por hoy ya hemos hecho más que suficiente. Los moldes no estarán listos para ser usados de nuevo hasta mañana. Ahora tengo que ir a ver al bebé de Sally Fry que se encuentra enfermo, y vosotras, niñas, os merecéis un buen descanso, habéis trabajado desde el amanecer.

Kit abandonó el trabajo agradecida aunque no tenía intención de descansar y en el momento en el que salía de puntillas por la puerta, su tía la llamó de nuevo.

—¿A dónde vas, Kit?

Kit bajó la vista y no respondió.

Su tía la observó durante unos segundos.

—Espera —dijo entonces.

Y entrando en la cocina regresó con un paquete que entregó a una ruborosa Kit.

Se trataba de las sobras de una tarta de manzana. ¿Así que la tía Rachel estaba al corriente de todo hacía tiempo? Kit, de una manera impulsiva, echó los brazos alrededor del cuello de su tía.

—¡Oh, tía Rachel, eres tan buena!

—No puedo evitarlo, Kit —dijo su tía preocupada—. Aunque no estoy de acuerdo contigo, no puedo soportar que alguien pase hambre con la abundancia de comida que nosotros tenemos.

Esta vez, al acercarse Kit al estanque del Mirlo, fue sorprendida por el seco sonido de un hacha. Tenía la esperanza de encontrar allí a Prudence, pero en su lugar, al rodear la choza de tejado de paja, descubrió a Nat Eaton con su bronceado y fuerte torso desnudo haciendo saltar astillas cada vez que balanceaba y clavaba su hacha en un tronco podrido.

—¡Oh! —exclamó Kit confusa—. No sabía que el *Delfín* estuviera aquí otra vez.

—No está. Nos hemos detenido a las afueras de Rocky Hill por falta de viento y yo me he adelantado remando. ¿Te hubieras quedado tú?

El bajo estado de ánimo de Kit permitió que aquella broma no tuviera respuesta alguna.

—Barbados, melaza y leña —comentó únicamente—. Ahora empiezo a comprender cómo Hannah se las arregla aquí sola. ¡Qué montón de leña, Nat, y en un día tan caluroso!

—Cuando llegue el momento de utilizarla ya estaré de camino hacia Barbados —respondió Nat vivamente—. De esta forma le echo una mano.

Hannah asomó la cabeza por la puerta.

—¡Más compañía! —dijo con regocijo—. Venid a la sombra. Nat, has apilado tanta madera que dudo que esta mujer vieja que soy la queme antes de un año entero.

—Estoy aquí únicamente por asuntos de negocios —declaró Nat dejando el hacha en el suelo—. Mi próxima tarea será añadir paja nueva al tejado. En algunos lugares no hay suficiente paja ni siquiera para que un ratón construya un nido decente.

—¿Puedo ayudar? —dijo Kit sorprendiéndose al oír su propia voz.

Nat arqueó una ceja. Sus burlones ojos azules se fijaron en los bronceados brazos de Kit con tal intensidad que Kit cerró los puños para esconder los callos de las palmas de sus manos.

—Quizá sí que podrías ayudar —respondió Nat con aire de estar haciéndole un gran favor—. Podrías ir recogiendo la hierba mientras yo la corto.

Kit le siguió hasta el pantano y se agachaba para recoger los densos manojos de hierba que Nat iba cortando con la guadaña. El olor dulzón e intenso que desprendía la hierba cortada cosquilleaba sus fosas nasales. Cuando Nat apoyó dos troncos contra la pared de la choza para construir una burda escalera, Kit le sorprendió trepando ágilmente detrás de él. Juntos esparcieron los manojos que Kit sostenía mientras Nat, gracias a sus manos fuertes y seguras después de trabajar tantos años con los aparejos del barco, los ataba con pedazos de resistente sarmiento. En cuanto el último manojo fue colocado en su sitio, ambos se sentaron a descansar sobre el fragante y mullido almohadón, y contemplaron la soleada pradera bordeada por la reluciente cinta formada por el río. Permanecieron en silencio durante un buen rato. Nat mordisqueaba una brizna y

Kit yacía boca abajo apoyada en los codos sobre el montón de paja punzante. El sol caía sobre ella pesadamente. Podían oír el monótono zumbido de las abejas interrumpido sólo por el agudo canto de las cigarras. La misteriosa llamada del mirlo surgía de entre la hierba y de vez en cuando asomaba el destello cárdeno de sus brillantes alas negras.

Así me sentía yo en Barbados, constató Kit con sorpresa. Más ligera que el viento. Aquí he trabajado como una esclava, mucho más que en los campos de cebollas, pero ahora me siento como si nada tuviera importancia, sólo me importa el simple hecho de estar viva en este preciso momento.

—El río está tan azul hoy... —dijo soñolienta—. Podía ser el agua de la bahía de Carlisle.

—¿Te añoras? —le preguntó Nat con indiferencia mirando hacia la cinta azul del agua.

—No —respondió ella—. Cuando estoy en la pradera junto a Hannah, nunca me añoro.

Él se volvió para mirarla.

—¿Cómo han ido las cosas, Kit? —preguntó con expresión seria—. Me refiero a si estás arrepentida de haber venido.

—A veces sí —dijo dudosa—. Han sido todos muy buenos conmigo, pero aquí todo es muy diferente. Creo que aún no encajo bien, Nat.

—Sabes —dijo Nat, que volvía a mirar a lo lejos, hacia el río—, un día siendo niño desembarcamos en Jamaica y en el mercado de la plaza había un hombre que vendía pájaros. Eran una especie de pájaros amarillos y verdes con manchas de brillante color escarlata. Yo estaba agachado comprando uno para regalarlo a mi abuela en Saybrook. Pero mi padre me explicó que aquellos pájaros no estaban hechos para vivir aquí, que los pájaros de este lugar le atacarían y lo picotearían. Es gracioso, pero aquella mañana, después de dejarte aquí en Wethersfield, durante el camino de regreso al barco no pude dejar de pensar en aquel pájaro.

Kit le miró fijamente. ¡Aquel engreído joven marinero que andaba a zancadas por el bosque sin siquiera decir adiós, pensando en un pájaro! En aquel momento, después de haber hablado con tanta gravedad, le devolvió la solemne mirada con una carcajada.

—¿Quién iba a adivinar que te vería encaramada a un tejado con los cabellos llenos de paja?

—¿Me estás diciendo que me he convertido en un cuervo? —dijo Kit soltando una risita.

—No del todo —dijo Nat con los ojos de un intenso azul de júbilo—. Aunque si miro con atención todavía puedo ver las plumas azules. Pero han hecho lo posible para convertirte en un gorrión, ¿no es así?

—Son estos puritanos —suspiró Kit—. Nunca los entenderé. ¿Por qué quieren que la vida sea tan solemne? Creo que la disfrutan más pensando así.

Nat se tumbó sobre la paja.

—Si quieres que te diga la verdad te diré que es culpa de la educación que reciben, siempre encerrados, día tras día, y eso quita la alegría de vivir. ¡Y el latín que te hacen tragar! ¿Te das cuenta, Kit, de que sólo en el *Accidence* hay veinticinco clases de substantivos diferentes? Yo no podría resistirlo.

—No es que esté en contra de la educación —prosiguió—, un chico tiene que aprender números, pero su única finalidad es la de poder encontrar la latitud con la brújula. Ahora, con los libros es diferente. No hay nada como un libro para hacerte compañía durante todo un largo viaje.

—¿Qué clase de libros? —preguntó Kit algo sorprendida.

—Oh, de cualquier clase. Los encontramos en los lugares más insólitos. Los que más me gustan son los libros de navegación y los relatos de viajes, aunque una vez un hombre nos dejó unas obras de teatro en Inglaterra que eran muy interesantes, especialmente una que trataba de un naufragio en una isla de las Indias.

Kit dio un salto de alegría sobre la hierba.

—¿Te refieres a *La Tempestad*?

—Quizá sí. ¿Lo has leído?

—¡Era nuestro libro preferido! —dijo Kit emocionada rodeando las rodillas con sus brazos—. El abuelo estaba seguro de que Shakespeare había visitado Barbados. Sospecho que le gustaba imaginarse como Próspero.

—Y tú eras su hija, imagino. ¿Cómo se llamaba?

—Miranda. Pero me parezco mucho a ella.

—Shakespeare debía haber continuado con la historia. No dijo lo que sucedió cuando aquel joven príncipe se la llevó de regreso a Inglaterra. Apuesto a que dio mucho que hablar a todas aquellas señoras —dijo Nat riendo.

—No era Inglaterra, era Nápoles. Y esto es otra cosa, Nat —le recordó—. ¡Cuántas habladurías en contra del rey y de Inglaterra! No lo entiendo.

—No, me imagino que si no has nacido aquí no lo puedes comprender.

—¿Por qué son tan desleales con el rey James?

—La lealtad tiene dos vertientes, Kit —dijo Nat con un aspecto casi tan serio como el de John Holbrook o William—. Si el rey respeta nuestros derechos y mantiene su palabra, entonces podrá contar con nuestra lealtad. Pero si revoca las leyes que ha dictado, remolca y vira hasta que el barco se hunde por la proa, entonces tendremos que cortar por fuerza el cabo.

—¡Pero esto es traicionar!

—¿Qué es la traición, Kit? Un hombre es leal al lugar que ama. Para mí, el *Delfín* es mi país. Mi padre daría su vida para disponer del derecho de navegar con el *Delfín* cuando y donde quisiera, y yo también. De todas formas sería inútil esperar las órdenes de Su Majestad de Inglaterra en medio de una tempestad. Me imagino que a esa gente de Wethersfield les pasa lo mismo. ¿Cómo puede un rey que tiene su trono en Inglaterra saber lo que es mejor para los de Wethersfield? La primera lealtad a la que un hombre se debe es la lealtad hacia el suelo que pisa.

Esto le gustaría al tío Matthew, pensó Kit confusa y un poco desilusionada al entrever bajo la expresión pausada de Nat un destello parecido a la pasión que hacía tan incómoda la vida en casa de los Wood. Nat era también un Nuevo Inglés, ¿lo había olvidado acaso? Kit se sintió aliviada al oír la voz de Hannah desde el pie de la escalera.

—¿Habéis terminado ya con la paja? Es hora de que cenéis un poquito.

—¿Cenar? —Kit ni siquiera se había percatado de que el sol se estaba poniendo—. ¿Ya es tan tarde como eso?

La mano de Nat cogió su muñeca y la detuvo cuando Kit se dirigía a gatas hacia la escalera.

—¿Vendrás a verla a menudo, verdad? —insistió.

—Claro —respondió Kit dubitativa—. A veces me preocupo por ella —dijo susurrando—. Parece muy lista y alegre pero, de pronto, parece que pierda la memoria y habla con su marido como si éste estuviera todavía vivo.

—¡Bueno! —Nat intentó ahuyentar sus temores—. Hannah está perfectamente bien, pero su mente divaga de vez en cuando. No te preocupes por eso. Creo que es mucho mayor de lo que nos creemos y que ya ha vivido mucho. Ella y su esposo estuvieron a punto de morir de hambre en una cárcel de Massachusetts. Para colmo los marcaron con hierro candente, los ataron a la cola de un carro y los azotaron durante todo el trayecto hasta llegar a la frontera. Por lo que he oído, Thomas Tupper era una especie de héroe. Y si todavía parece que esté tan cerca de Hannah y que ésta hable con él después de todos estos años, no serás tú quien se lo vaya a impedir, ¿verdad?

Como de costumbre, Hannah no forzó a Kit a quedarse.

—Mis visitantes siempre tienen que marcharse corriendo —dijo riendo—. Nat siempre tiene prisa, y tú también, y ahora Prudence.

—¿Quién es Prudence? —preguntó Nat poniéndose la camisa azul de algodón y saliendo tras Kit para acompañarla a lo largo del sendero que desemboca en la carretera sur.

—¿Te acuerdas de la niña de la muñeca?

Caminando apresuradamente por el sendero Kit le contó la historia de la niña y de las clases de lectura. Esperaba que al llegar a la carretera sur Nat daría media vuelta, pero para su consternación Nat continuó andando a su lado. Incluso al llegar a la calle ancha Kit volvió a dudar, pero él pareció no darse cuenta. El buen humor de aquella tarde empezaba a disiparse y volvía la preocupación. ¿Por qué demonios tenía Nat que insistir en acompañarla? Ya bastantes explicaciones debería dar para que ahora se añadiera la presencia de un marino desconocido. Pero Nat, con sus ágiles zancadas, igualaba sin dificultad su nervioso paso sin darse cuenta en apariencia del deseo que ella tenía de deshacerse de él.

Allí estaban todos, sentados afuera junto a la puerta. La cena ya había terminado. Al verlos llegar, William se levantó con aire cansado y esperó.

—Kit, ¿dónde demonios te has metido? —dijo Judith—. William ha estado esperándote horas y horas.

La mirada de Kit iba de uno a otro, a su tía al borde del llanto y a su tío a punto de emitir su juicio.

No podía decir nada más que la verdad, pensó.

—He estado ayudando a arreglar el techo de paja de la choza de Hannah Tupper —dijo—. Siento que se me haya hecho tan tarde.

Tía Rachel, éste es Nathaniel Eaton, el hijo del capitán Eaton del *Delfín*. Estaba reparando el tejado de Hannah y yo le he ayudado.

La familia aceptó los escuetos saludos de Nat, pero William no movió ni un solo músculo de su tensa mandíbula. Los dos jóvenes se contemplaron uno al otro durante un buen rato.

Nat se volvió hacia Matthew Wood.

—Fue mi culpa, señor —dijo con una dignidad que Kit nunca hubiera imaginado en él—. No debería haber aceptado su ayuda, pero es un trabajo pesado, y cuando al pasar por allí se ofreció, le estuve muy agradecido. Confío en que esto no haya molestado a ninguno de ustedes —dijo volviéndose hacia William con una ceja arqueada, un gesto ya familiar para Kit. Kit se quedó desamparada cuando Nat dio media vuelta y se alejó caminando con ligereza. Nat había hecho lo que había podido pero ahora todavía quedaba la reprimenda.

—¿Por qué has tenido que ofrecerte a reparar el tejado de esa mujer cuáquera? —preguntó su tío enfadado.

—Vive sola —empezó a decir Kit.

—Es una hereje y se niega a ir a la iglesia. No tiene derecho a solicitar tu caridad.

—Pero alguien tiene que ayudarla, tío Matthew.

—Si quiere ayuda, deja que antes se arrepienta de su pecado. No volverás nunca más a aquel lugar, Katherine. Te lo prohíbo. Kit entró cabizbaja en la casa detrás de la familia.

—No te preocupes demasiado, Kit —susurró Mercy—. Hannah estará bien si la cuida este marinero. El joven tiene buen aspecto.

Capítulo 13

—¡Pensar que nunca has participado en la fiesta del descascari-
llado del maíz! —exclamó Judith—. Sabes, es más divertida que todas las vacaciones juntas.

—¿Descascarillar maíz durante toda la tarde? —inquirió Kit.
A Kit le parecía una celebración muy rara. Todavía le dolían los
brazos de arrancar las pesadas mazorcas de las cañas, una fila detrás de la otra, y durante horas seguidas.

—Pues no resulta tan laborioso cuando lo haces en equipo. Can-
tamos todos juntos, Jeb Whitney trae consigo su violín y además
tenemos pasteles, manzanas y sidra. ¡Oh, siempre he pensado que el
otoño es la mejor estación del año!

—Dicen que la cosecha no será muy abundante este año —dijo
Mercy con cierta malicia—. Es posible que no haya tantas mazorcas
rojas como habitualmente.

—Ya encontraré alguna, no te preocupes —dijo Judith echando
risueña la cabeza hacia atrás—. Tengo mi propia técnica.

—¿Mazorcas rojas? ¿Son mejores que las otras? —preguntó
Kit.

Tras la pregunta de Kit, sus dos primas explotaron en jubilosas
carcajadas.

—Espera y verás —le aconsejó Judith—. Pensándolo bien, estoy
segura de que William también conseguirá una. ¡Entonces descu-
brirás lo que en verdad es!

Kit se puso muy colorada imaginando sólo lo que ya sospechaba.
Sumidas en una atmósfera de intimidad muy poco corriente, Ju-

dith cogió a Kit por el brazo mientras caminaban por la calle mayor hacia el prado para recoger las últimas mazorcas de la temporada. Aparte del chispeante aire de septiembre, había algo más en el ambiente que mantenía a las chicas muy animadas.

—Puedo sentir hasta la médula de mis huesos —confesó Judith—. Algo maravilloso va a ocurrir esta noche en la fiesta del maíz.

La excitación de Judith era contagiosa. Kit empezó a sentir, nerviosa, un hormigueo. A pesar de lo que le costaba imaginar que alguien podía celebrar una fiesta en honor a un trabajo tan sucio y polvoriento, era la primera vez que había sido invitada desde que estaba en Wethersfield. Los pocos jóvenes que había conocido en la iglesia estarían también allí.

—No creí nunca que pudieras predecir el futuro —dijo riendo— pero espero que te funcione.

—Sé que así será —dijo Judith—, puesto que esta vez voy a encargarme de que ocurra algo. Lo tengo decidido.

—¿Te refieres a... John Holbrook?

—Por supuesto. Tú ya sabes cómo es él. Muy tímido y serio. Nunca será capaz de soltar prenda si yo no le ayudo.

—Pero John es todavía un estudiante...

—Lo sé. No posee ninguna propiedad como William ni ningún medio para mantenerme. Por eso no quiere pronunciarse. Pero yo sé cómo se siente, y cómo me siento yo, por lo tanto, ¿por qué debemos esperar toda la vida y ni siquiera hacer planes? ¿Y qué mejor ocasión que la celebración del maíz?

—Judith —Kit se permitió una duda—, ¿de veras crees...?

—Más te vale ocuparte de tus asuntos —dijo Judith riendo—. William no es como John. Es como yo. Una vez que haya tomado la decisión, no esperará demasiado tiempo.

¿Por qué tuvo Judith que advertirle nada?, pensó Kit intrigada. Desde el día en que se empezó a construir la casa de William y los vecinos se habían reunido para trabajar de sol a sol y habían levantado las primeras vigas y empotrado los robustos armarios, Kit supo que William sólo esperaba el momento oportuno para declararse. Ya hacía tiempo que ella había decidido la respuesta. Como esposa de William podría ir y venir a su gusto. Ya no existirían las farragosas tareas y podría burlarse de la señora Goodwife Cruff. Además, William la admiraba. A pesar de que se encandalizaba y desconcertaba a menudo, seguía tan locamente enamorado como el primer día en la iglesia. Entonces, ¿por qué las bromitas de Judith siempre atraían nubes de malos presagios?

Ansiosa echó un vistazo hacia la casita del estanque del Mirlo y se prometió a sí misma que robaría unos minutos de su día durante el camino de vuelta a casa. Pero, aun trabajando lo más rápidamente posible, al finalizar su tarea sólo quedaba tiempo para una visita fugaz. Prudente había estado allí, le había dicho Hannah, pero no se atrevió a esperarla hasta la hora de clase.

—Si mis viejos ojos pudieran distinguir las letras... —se quejaba Hannah—. Aunque la niña no parece necesitar mucha ayuda. Está hambrienta de lectura. Pobre chiquilla. Sigo con la esperanza de que la leche de cabra engorde sus pequeños huesos.

La figura de Judith se perdió por el camino cuando Kit se desviaba hacia la carretera sur. Pero para su sorpresa divisó a lo lejos un sombrero negro que le era familiar y se detuvo a esperar a John Holbrook que andaba a zancadas por la carretera para alcanzarla.

—El doctor Bulkeley me ha mandado recoger un poco de col —le explicó mientras agitaba un ramo de hierbajos—. Es para el asma, según él. ¿Qué hace paseando sola?

—Judith se ha adelantado —dijo Kit. ¿Pensaba quizás encontrársela por el camino?—. Me he parado a visitar a Hannah Tupper.

Pronunció expresamente el nombre y apellido y en unos ojos asustados pudo leer un asomo de preocupación.

—¿La viuda Tupper? ¿Ya lo sabe su familia?

—Judith y Mercy lo saben. Hannah es una buena amiga mía.

—Es una cuáquera.

—¿Importa eso?

—Sí, creo que sí —dijo pensativo—. No es que tenga nada en contra de los cuáqueros. Pero esta mujer tiene mala reputación. Se la ha acusado dos veces de practicar brujería.

—Este es un cotilleo muy cruel.

—Quizá, pero no me gustaría ver cómo se vuelve contra usted. Kit, hay pocas personas en este pueblo que se hayan olvidado del día que saltó al río. Si se enteran de que frecuenta una bruja...

—John, ¿cómo puede prestar atención a tantas tonterías?

—La brujería no es una tontería, Kit. El doctor Bulkeley opina lo mismo.

—¡Oh! ¡El doctor Bulkeley piensa igual! —replicó Kit—. Estoy harta de oír lo que opina el doctor Bulkeley. ¿Es que usted no piensa por sí mismo, John?

Al contemplar un asomo de dolor en sus ojos azules, Kit se entristeció.

—Lo siento —dijo impulsivamente poniendo la mano sobre su brazo—. No quería decir esto. Pero desde que estudia con este hombre me da la impresión de que ha cambiado.

—No lo conoce igual que yo —dijo John indulgente—. Cada día me doy más cuenta de lo que me falta aún por aprender. Y no son solamente los estudios. Todos cambiamos, Kit, muy a pesar nuestro; por lo menos algunos —añadió con un toque de humor que ella no percibió—. No quiero echarle un sermón, Kit. Simplemente quiero decirle que los cuáqueros tienen fama de suscitar conflictos, y tengo la impresión de que usted solita ya se mete en suficientes problemas.

—Ya lo sé —asintió Kit con alegría— pero es Hannah la que me está ayudando a cambiar. Si la conociera...

John caminaba junto a ella, escuchándola con interés mientras ella intentaba hacerle entender lo sola que estaba aquella mujer en las praderas. Llegaban al cruce de la calle ancha donde John tomaba el desvío hacia la calle divisoria, y, durante unos momentos, permanecieron de pie, sin ganas de dar fin a ese extraño momento de camaradería. John se sacó el sombrero, apoyó los codos sobre una valla y permaneció con la mirada puesta en las praderas mientras el viento agitaba sus rubios cabellos. De golpe se volvió y sonrió a Kit con la misma sorprendente dulzura que había inundado su corazón el primer día en el puerto de Saybrook.

—Cinco meses —dijo—, desde que llegamos aquí juntos en el *Delfín*. ¡Qué enormes esperanzas teníamos los dos! A usted le ha ido todo bien, ¿verdad, Kit? Un elegante caserón y un buen partido como William... Espero que sea muy feliz.

Kit se sonrojó y bajó la mirada hacia el luminoso césped. No quería hablar de William.

—¿Y usted, John? —preguntó.

—Quizá lo sea —contestó con una sonrisa que se dibujaba en la comisura de sus labios—. Ya veremos.

Antes de lo que crees, quizá, pensó Kit.

—¿Va a la fiesta del maíz esta noche? —preguntó maliciosamente.

—No lo sé —contestó—. ¿Estará Mercy?

—¿Mercy? Pues... no, no creo que pueda ir. Vive a más de una milla.

—Entonces creo que pasaré la tarde en su casa. Casi nunca tengo la oportunidad de hablar con ella.

—Pero dicen que la fiesta es tan.... —Poco a poco se empezó a dar cuenta de lo que John había dicho.

—¡John! ¿Por qué quiere hablar con Mercy?

—¿Por qué se cree que voy a su casa tan a menudo? —dijo parpadeando.

—Pero yo pensaba... todos pensábamos... me refiero...

—Siempre ha sido Mercy, desde el principio. ¿No lo había adivinado?

—¡Oh, *John*!

Con una explosión de ferviente entusiasmo Kit puso sus brazos alrededor del cuello de John. Mirando incómodo hacia la calle, John se liberó de ella con dulzura. Sus orejas enrojecieron pero sus ojos brillaban al mirarla.

—Estoy contento de que lo apruebe —dijo John—. ¿Cree que tengo alguna posibilidad, Kit?

—¡Posibilidad! ¡Inténtelo simplemente! ¡Oh, John! ¡Estoy tan contenta que me pondría a bailar aquí mismo!

—Todavía no puedo pronunciarme —le recordó sensatamente—. No tengo nada que ofrecerle, nada de nada.

—Tendrá su propia parroquia algún día. Quizá si... Mercy..., ¿cree que Mercy podría regentar la casa de un pastor? Hay tantas cosas que Mercy no puede hacer, John...

—Entonces las haré yo por ella —dijo con calma—. No quiero que la mujer que esté conmigo me sirva siempre. Sólo con ser como Mercy será... nunca haré lo bastante para recompensarla.

—Entonces dígaselo esta noche, John —dijo Kit apremiante, recordando los ojos anhelantes de Mercy.

—Quizá —respondió—. Ya veremos.

De vuelta a casa después de haber dejado atrás la plaza de la iglesia, Kit no podía dejar de sentir el deseo de bailar. Quería gritar y cantar. ¡Mercy y John Holbrook! ¡Qué maravilla! ¡Qué acierto increíblemente perfecto! ¡Cómo podía aguantarse y no contárselo a nadie? Todos verán a una Kit rebosante de entusiasmo. Seguro que Judith...

¡Judith! Sus pasos alegres se detuvieron por un instante. ¿Cómo podía haberse olvidado? ¿Debería haberle dicho algo a John, advertirle quizá? No, no debía haberlo hecho, por respeto a Judith. John era tan poco consciente de ello, tan tímido y serio, tal y como había dicho Judith, siempre sumido en sus libros y en sus sueños con Mercy, que jamás se hubiera dado cuenta ni siquiera de que Judith había puesto sus ojos en él. ¿Qué sería aquello de lo que Judith estaba tan segura y que iba a tener lugar esta noche? ¿Qué clase de ardid estaba tramando Judith?

Bueno, si él no va a la fiesta, no ocurrirá nada, pensó Kit con lógica. Y quién sabe, si está allí con Mercy... ¡oh, Dios!, a Judith le va a sentar fatal. ¡Pero es tan orgullosa! Alzará la cabeza y fingirá no haber pensado nunca en cosa semejante. Y lo superará, lo sé, porque John no es para ella. ¡Ojalá le hablara esta noche!

Judith se demoró excesivamente frente al espejo aquella tarde. Llevaba un vestido nuevo de lana azul con puños muy largos y ceñidos y un cuello de piqué blanco como la nieve; nunca había estado tan preciosa. Sus ojos relucían de un azul brillante a la luz de las velas, el blanco de su piel centelleaba y le confería un aire excitante y misterioso. Kit no podía contener su impaciencia. No le importaba su aspecto. William ya la estaba esperando y todos debían marcharse antes de que John llegara. ¡Ojalá tía Rachel y tío Matthew tuvieran algo que hacer y Mercy pudiera sentarse sola junto al fuego!

Sin embargo, se retrasaron. John Holbrook entraba por la puerta cuando las dos chicas bajaban las escaleras. Los ojos de John, vivos de fascinación, y una noble reverencia, anticiparon el deseo de avanzar hacia el interior de la cocina. Judith inclinó la cabeza hacia atrás y le sonrió provocativamente. Rachel interrumpió su trabajo, e incluso Matthew se acercó a la puerta para despedir a los jóvenes.

—Estoy muy contenta de que hayas venido —dijo Judith mientras se le formaban unos hoyuelos de ilusión en las mejillas—. Ahora ya estamos todos y podemos salir.

—No voy a la fiesta —le dijo John, sonriendo—. He pensado que me quedaré aquí a hacer compañía a Mercy.

—Pero todos te están esperando. A Mercy no le importa, ¿verdad, Mercy?

John sacudió la cabeza, todavía con una sonrisa en los labios.

Había un reflejo de la excitación de Judith en la expresión del pálido rostro de John.

—Creo que me quedaré aquí —insistió John—. Tengo que decirle algo a tu padre.

Aquellas palabras le quitaron la respiración. Judith dio un paso atrás, puso una mano en su garganta y una oleada escarlata la cubrió desde el cuello hasta sus rizos oscuros.

—¿Esta noche? —susurró incrédula. De pronto, la alegría retornó para aclarar todas sus dudas y reservas.

—¡Oh, Padre! —gritó impetuosa—. No es necesario que se pierda la fiesta, ¿verdad? Además, ¡ya sabes lo que te quiere preguntar! ¡Di que sí, ahora, así podemos ir a la fiesta todos juntos!

Matthew Wood estaba desconcertado.

—Oye, hija —dijo regañándola—. ¿Qué forma de hablar es ésta?

—¡Un poco descarada, pero no me importa! —dijo Judith riendo y agitando sus negros rizos—. Padre, deberías haberlo adivinado. No hace falta que John te lo diga.

Tanto entusiasmo era irresistible. Las severas facciones de Matthew Wood se suavizaron y cuando volvió la cabeza hacia John, estaba ya sonriendo.

—Si vienes para conquistar a una jovencita tan testaruda y descarada —dijo con indulgencia— sólo me queda daros a ambos mi bendición. Quizá tú puedas inducirla a la docilidad.

John permanecía boquiabierto, con una cara pálida que denotaba sorpresa. Parecía completamente incapaz de controlar la situación.

¡Díselo!, pensaba Kit, silenciosa y desesperada. ¡Tienes que decir algo, John, ahora mismo!

Como si la hubiera oído, John separó sus blancos labios y emitió un ronco sonido.

—Señor... yo... —intentó decir.

Después, todavía sin podérselo creer, volvió a mirar a Judith. Su cara delataba solamente una expresión de orgullo y altivez. La absoluta felicidad y confianza que expresaban aquellos brillantes ojos azules hicieron vacilar a John, y en aquel segundo de duda, John se vio perdido.

La pesada mano de William cayó sobre el hombro de John. Tía Rachel le ofreció las dos manos, con lágrimas en los ojos. Luego, desde la chimenea, Mercy se acercó, con la cabeza muy alta y sus grandes ojos claros y brillantes:

—Me alegro mucho por ambos —dijo con voz cálida.

Kit no pudo decir ni una sola palabra.

Quizá lo había soñado, pensó mientras miraba a Mercy. Pero sabía que no había soñado el amor que descubrió en la mirada de Mercy aquella tarde de verano. Ahora, nadie excepto ella lo sabría jamás. Había contado con el orgullo de Judith. Pero Mercy no tenía el orgullo de Judith; lo que la había detenido era algo mucho más fuerte que el orgullo.

Los cuatro salieron juntos en aquel crepúsculo tranquilo y escarchado. Judith cogió el brazo de John con confianza, arrastrada todavía por aquella oleada de felicidad que la ayudó a olvidarse de sus limitaciones.

—Nunca lo sabrás —le dijo—. Me has salvado de convertirme en la chica más descarada y escandalosa, John. Tenía un plan. No estaba segura de si me iba a atrever. Pero ahora...

¡Ahora qué!, se preguntaba Kit caminando tras ellos. Se retorcía de dolor entre sus quejas reprimidas. ¡John no puede hacer esto!, se decía una y otra vez. Pero sabía que John podía hacerlo. John comprendía a Mercy. Sabía que Mercy jamás habría aceptado quedarse con algo que Judith deseara, aunque fuera un mendrugo de pan. Si ahora hería a Judith, Kit lo sabía, Mercy no se lo perdonaría nunca, ni a él ni a ella misma.

Absorbida por sus pensamientos, Kit apenas se daba cuenta de que los pasos de William eran más decididos que normalmente. Se habían rezagado en el camino y, de pronto, una mano resuelta agarró su codo.

—Espera un momento, Kit —dijo William—. Deja que los demás se adelanten. Quiero hablarte.

La serena determinación de su tono de voz se filtró entre los fugaces y vertiginosos pensamientos de Kit. De mala gana le otorgó un poco de su atención. Su atenta mirada, a pesar de la luz menguante de la noche, anticipaba a Kit lo que estaba a punto de suceder.

¡Oh, no! ¡No, después de lo que acaba de pasar! Por un momento sintió tentaciones de correr hacia el cobijo del fuego donde se hallaba Mercy.

—No me refiero a que hablemos de esta noche —decía William—, pero viendo a estos dos... ¿no envidias su felicidad, Kit?

No lo puedo soportar, pensó asustada.

—¡Esta noche no! —las tres palabras se le escaparon en un medio susurro. William se las tomó al pie de la letra.

—Entonces mañana. Déjame hablar con tu tío. No será necesario que me ayudes —añadió con un raro toque de humor—. Soy capaz de hablar por mí mismo.

Kit permaneció de pie recorrida por escalofríos en aquella húmeda noche. Este traje de seda no abriga bastante para Nueva Inglaterra, pensó distraída. Luego, se dispuso a reunir fuerzas. Después de todo, la pregunta de William no era inesperada. Ella ya la había pensado y tenía preparada la respuesta.

—Por favor, William —susurró—. No hables con él todavía.

William, perplejo, la miró.

—¿Por qué no? ¿No quieres casarte conmigo, Kit?

—No había pensado en casarme tan pronto —dijo vacilando.

—Judith sólo tiene dieciséis —le recordó.

—Ya lo sé. Pero yo soy todavía una extranjera aquí, William. Todavía tengo que aprender muchas cosas.

—Esto es verdad —asintió. Permaneció callado por un momento—. No voy a darte ninguna prisa, Kit —dijo sensatamente—. De todas formas, la casa no puede estar lista antes de la primavera. Esperaré tu respuesta.

William no parecía tener ninguna duda sobre su respuesta. A medida que caminaban, su mano seguía en el codo de Kit en su ademán nuevo de posesión.

De la puerta abierta salían unas carcajadas que provenían del gran granero donde brillaba la luz de los fanales que colgaban balanceándose en las vigas. Olía a heno fresco y hacía un calor plácido. La gente, vestida con ropa de alegres colores, estaba sentada en círculo alrededor de un enorme montón de maíz adornado de sedosos hilos. Ya habían empezado a descascarillar los granos. Se oyeron gritos de bienvenida al llegar los nuevos invitados y el círculo se abrió para dejarles sitio. Para la sorpresa de Kit, descascarillar el maíz era divertido. La fiesta se animaba con canciones, apuestas y chistes que alborotaban y divertían al personal. Kit estaba sorprendidísima. ¡Por lo visto Wethersfield no era siempre un lugar oscuro y solemne. ¿Había asistido su tío alguna vez a alguna de estas fiestas?, se preguntó.

De repente se oyó un nuevo grito. Judith estaba sentada con una mazorca de maíz en su regazo, y bajo los desgreñados hilos sedosos asomaban brillantes y anaranjados granos. Judith se reía y sacudía la cabeza con su arrogancia acostumbrada.

—¡Ya no la necesito! —dijo triunfante—. ¿Cuánto se me ofrece por ella?

Sin esperar una respuesta, la lanzó directamente por en medio del círculo a las manos de William. Hubo unas pocas risitas fugaces y luego un silencio de curiosidad. Kit estaba sentada, desvalida, con las mejillas ardientes por el calor del fuego, y después de que las risas y el alboroto la marearan, William dio un paso decidido hacia ella para pagar su prenda.

Capítulo 14

Después del intenso y a la vez tranquilo mes de septiembre, el sol de octubre inundó el mundo con su templanza. Ante los ojos de Kit se produjo un milagro, para el cual ella no estaba preparada en absoluto. Permaneció de pie en el portal de la casa de su tío y, pensativa, mantuvo la respiración. El arce frente al umbral de la puerta refulgía como una antorcha roja y gigante. El amarillo cobrizo de los robles del camino brillaba con la luz. Los campos se extendían como una alfombra de joyas, esmeraldas, topacios y granates. Andara por donde andara los colores lucían y resaltaban a su alrededor. Las hojas tostadas y secas crujían bajo sus pies y emanaban un delicioso humo aromático. Nunca nadie le había hablado del otoño de Nueva Inglaterra. La pasión por esta estación latía en sus venas. Cada mañana se levantaba con un sentimiento nuevo de confianza y optimismo imposible de explicar. Cualquier cosa maravillosa e inesperada podía ocurrir en el mes de octubre.

A medida que los días se hacían más fríos y cortos, esta sensación nueva de expectación crecía en ella y su intensidad parecía dar un nuevo sentido a cada pequeña cosa que sucedía a su alrededor. De lo contrario, quizá no se hubiera percatado de una insignificante escena que, una vez observada, jamás la olvidaría. Una mañana, cruzando la puerta del cobertizo con un montón de sábanas para extenderlas sobre el césped, Kit se detuvo, cautelosa como de costumbre, al advertir la presencia de su tío. Éste estaba de pie, cerca de la casa, mirando hacia el río, de perfil. Estaba sencillamente de pie, sin nada que hacer, cosa extraña, durante unos momentos, y observaba los campos dorados. Aquel color brillante y ardiente se había apagado. Enormes montones de hojas tostadas y rizadas cubrían, entrelazadas, la hierba seca, y las ramas que apuntaban hacia el cielo gris estaban casi desnudas. Kit contempló cómo su tío se inclinaba para coger un puñado de tierra con una curiosa reverencia, como si de algo de mucho valor se tratara. A medida que la desmenuzaba y se escurría por entre sus dedos, su mano se contrajo haciendo un gesto de ferviente posesión. Kit entró en el cobertizo y cerró la puerta suavemente. Se sintió como si le hubiera estado escuchando a hurtadillas. Después de haber odiado y temido tanto tiempo a su tío, ¿a qué venía ese dolor al pensar en aquella figura solitaria y desafiante en medio del jardín?

La voz de Judith interrumpió sus pensamientos.

—¡Date prisa, Kit! —le gritó—. Éste es el tercer grupo de gente que ha pasado por delante de casa. Dicen que hay un barco de carga subiendo por el río. Si acabamos con la colada podemos ir a recibirlo.

—¿Qué barco? —dijo Kit mientras su corazón daba un vuelco.

—¿Qué importa eso? Traerá el correo y quizá piezas nuevas de tela e incluso quizá las tijeras que encargamos a Boston. Además siempre es divertido ver llegar un barco y no vendrán muchos más este otoño.

Una extraña confusión, entre disgusto y deseo a la vez, agitaba los ánimos de Kit. Tenía pensado quedarse en casa para ayudar a Mercy a pesar de que los pies se le iban solos hacia el camino detrás de Judith. Pero en cuanto tomaron la curva se disiparon sus dudas. Allí estaba el *Delfín* remontando el río con todo su velamen. La curvada proa aparecía deslucida y desconchada, el casco golpeado y cubierto de lapas incrustadas, las velas oscuras y curtidas por la intemperie; aún así, ¡qué bello era! Sumida en una oleada de recuerdos, Kit casi sentía el balanceo de cubierta bajo sus pies y un arrebato de añoranza le cortó la respiración. ¡Cómo le gustaría navegar de nuevo en el *Delfín*! El olor a caballo, aquella quieta espera, el miedo repentino a la tempestad y a los rayos habían desaparecido. Ahora sólo recordaba el brillo infinito del agua tras las estelas del barco que se extendían hasta el final del mundo, del vasto arco blanquecino del recorrido, y de los torrentes de sal y viento que restregaban su cara y revolvían sus cabellos. ¡Lo que daría ahora por estar en la cubierta del *Delfín*, encarada hacia el río, en dirección al mar abierto de Barbados!

El *Delfín* se puso al pairo, con las velas sujetas y los cabos crujiendo y vibrando con ellas, y se dispuso a descansar junto al muelle de Wethersfield. Los mirones se amontonaban en primera fila cuando las balas y los barriles y fardos abultados iban siendo descargados hasta llegar al final a las ansiosas manos. Kit y Judith permanecían de pie un poco apartadas, disfrutando del alboroto. Por lo visto, la agitación de la gente era contagiosa. Cuando Judith pronunció una palabra, Kit se quedó asombrada al comprobar que sus propios labios, extrañamente, tampoco se dejaban controlar. Un temblor peculiar hizo que apretara sus puños con fuerza. No podía apartar la vista de la cubierta del barco.

Finalmente divisó una rubia cabeza que emergía de la escotilla casi escondida detrás de un cargamento. Nat Eaton tardó un poco en echar un vistazo al ajetreado embarcadero y captar su presencia. Poco después alzó el brazo fugazmente para saludarla. Kit ya sabía cómo era Nat cuando estaba inmerso en el trabajo del barco. Ella esperó, fingiendo mostrarse interesada por cada cargamento que se deslizaba por la barandilla del barco. Los ciudadanos, uno a uno, iban reclamando sus encargos y los mercaderes de Hartford separaban los barriles de sidra, aceite y sal. Únicamente unos pocos ociosos permanecían de pie esperando.

—Vamos, Kit —dijo Judith a toda prisa—. Ya no queda nada por ver.

No, Kit tuvo que asentir, no tenía la mínima excusa para demorarse más. Con los hombros ligeramente encogidos dio un giro e inmediatamente después oyó su voz.

—¡Señorita Tyler! ¡Espera un momento!

Kit se dio la vuelta y vio como Nat saltaba la baranda. Andaba hacia ella con pasos alegres y ligeros, llevando un voluminoso paquete envuelto en un pedazo de lona bajo el brazo.

—¡Buenos días, señorita Wood! —exclamó saludando a Judith respetuosamente. Luego miró a Kit—. ¿Me harías el favor de entregar este encargo? —Sus palabras eran correctas, pero la indiferencia en su tono de voz era desconcertante—. Es un pedazo de tejido de lana que he escogido para Hannah —explicó sosteniendo el paquete.

Kit lo cogió con reticencia y dijo:

—Estará esperando que se lo lleves tú mismo.

—Ya lo sé, pero mi padre quiere salir muy pronto. Si dejamos que el viento amaine nos retrasaremos varios días. Hannah necesita este paquete. Te agradecería que encontrarás un rato libre en tus reuniones con tus queridos amigos.

La boca de Kit se entreabrió, pero antes de que pudiera pronunciar palabra, Nat ya se le había adelantado.

—En este viaje hemos traído un cargamento interesante. Algo muy particular. Dieciséis ventanas de cristal tallado en forma de diamante de Inglaterra encargadas por un tal William Ashby. Dicen que está construyendo una casa para su prometida. Una jovencita presumida de Barbados, he oído, y lo mejor de lo mejor no es suficiente para ella, y, ¡de papel vegetal en las ventanas nada, por supuesto!

Kit se sintió cohibida por la burla sarcástica de su tono de voz.

—Podías habérmelo dicho, Kit —dijo bajando la voz.

—No... aún no hay nada definitivo que decir al respecto.

—Este encargo parece decirlo todo.

Mientras Kit pensaba en otra respuesta ya se había percatado de que los ojos de Nat no se habían perdido la oleada de furia que subía velozmente desde el cuello de la capa hasta la frente escondida bajo su capucha.

—¿Puedo felicitarte? —dijo—. Pensar que estaba preocupado por este pequeño pajarito. Si lo hubiera sabido, me habría tragado una rechoncha perdiz en un santiamén.

Después, tras una rápida reverencia a Judith, había desaparecido.

—¿Qué pájaro? ¿De qué está hablando? —dijo Judith entrecortadamente y jadeante, intentando alcanzar a Kit por el camino. La cara de Kit se volvió para ocultar unas lágrimas de rabia y no quiso contestar.

—Sinceramente, Kit, conoces unas personas verdaderamente extrañas. ¿Cómo has podido conocer a un vulgar marinero como éste?

—Ya te dije que era el hijo del capitán.

—En fin, no parece que tenga muy buenos modales —observó Judith.

Para alivio de Kit, una novedad les aguardaba en casa. Rachel se encontraba en el umbral de la puerta mirando impaciente hacia el camino.

—Declaro —dijo preocupada— que la paz no existe para este

hombre. Alguien ha venido a buscarle ahora mismo. Un jinete ha salido de Hartford con noticias y hay una multitud esperando en la tienda del herrero. ¿Puedes ver algo allá arriba en el camino?

—No —dijo Judith—. La plaza parece tranquila.

—Creo que tiene que ver con el gobernador Andros de Massachusetts, quien está decidido a retirarnos la carta de derechos. ¡Oh, Dios! Tu padre se enfadará mucho.

—Entonces invitémosle a un buen banquete —sugirió Judith tan práctica como siempre—. No te preocupes, madre. Los hombres saben como ocuparse del gobierno.

Siguiéndolas para entrar en la casa, Kit se confesó a si misma que sentía afecto por el impopular Andros. Hubiera hecho lo que hubiera hecho, por lo menos la había salvado, hasta el momento, de las ininterrumpidas preguntas de Judith.

Matthew no llegó a tiempo para la deliciosa comida que habían preparado. Llegó al atardecer y entró lentamente en la cocina. Tenía los hombros hundidos y parecía enfermo.

—¿Qué ocurre, Matthew? —preguntó Rachel rondando alrededor de su silla—. ¿Ha ocurrido algo terrible?

—Simplemente lo que ya esperábamos —contestó con aire cansino—. El gobernador Treat y el consejo han suspendido la carta de derechos por un año. Ahora Sir Edmond Andros ha enviado el mensaje, hace tres días, de que deja Boston. Llegará a Hartford el lunes para ocupar el cargo de gobernador del rey en Connecticut.

—Enciende el fuego en la sala de estar —añadió—. Esta noche vendrán algunos que querrán comentar esta situación.

Unas escasas noticias llegaron antes de la caída de la noche. A pesar de tener mucha prisa, el capitán Eaton había perdido el viento y el *Delfín* se había detenido junto a la isla de Wright. Kit fue invadida por un placentero sentimiento de venganza sólo de pensarlo. Esperaba que todavía se retrasaran mucho más de lo previsto. Nat se merecía que permanecieran allí hasta la llegada de las heladas. Podría haber llevado el paquete él mismo perfectamente. Y ahora Kit se iba a asegurar de una sola cosa. Se ocuparía muy bien de no entregarlo hasta que *Delfín* estuviera ya camino a Saybrook.

Capítulo 15

—¡Esto representa la muerte de la libertad de nuestra república! ¡Será el fin de todo por lo que hemos luchado y trabajado!

Los gritos enfurecidos se oían claramente a través de la puerta cerrada del salón. Era imposible no oírlos. La rueca de Mercy falló y la mano de Rachel, que estaba encendiendo una mecha de pinaza, tembló dejando caer una chispa que produjo una marca negra sobre la mesa. Durante este último mes, aquel grupo de hombres taciturnos había acudido con frecuencia a casa de Matthew Wood. Pero aquella noche, las voces tenían un tono amenazador.

—Debe tratarse de un asunto muy urgente para estar reunidos la víspera del día del Señor —dijo Mercy.

—Tu padre no ha tocado la cena —dijo Rachel lamentándose—. ¿Creéis que cuando salgan deberíamos ofrecerles algo de comer?

A Kit se le volvió a escapar un punto por tercera vez. No es que le preocupara mucho la colonia de Connecticut pero tenía curiosidad por otro aspecto del tema de aquella noche. Tiempo atrás, una noche llegó William, y, tras saludar a las mujeres, en lugar de sentarse en la chimenea junto al fuego, había sorprendido a Kit llamando a la puerta del salón. Y aún fue más sorprendente el hecho de que le aceptaran allí dentro, en donde permaneció, detrás de la puerta cerrada, durante más de media hora. El orgullo no pudo reprimir su lengua por un instante más.

—¿Qué estará haciendo William allá dentro? —dijo—. ¿Por qué lo habrá dejado entrar el tío Matthew?

—¿No lo sabes? —replicó Judith dirigiéndole una mirada condescendiente.

—¿Saber el qué?

—Hace dos meses que William ha cambiado de manera de pensar. Ahora piensa como nuestro padre. Sucedió antes de que empezaran a construir su casa, pues tuvo que pagar unos elevados impuestos por el terreno.

¿Cómo podía saber esto Judith? Kit la miró fijamente.

—Nunca le oí hablar sobre este asunto —dijo Kit.

—Quizá es que no escuchabas —el tono de Judith estaba cargado de presunción.

Kit, afligida, enmendó enérgicamente otro punto escapado. Era cierto. A veces, cuando William y Judith hablaban sobre la casa, ella tenía que hacer un esfuerzo para no distraerse. Pero también sabía que algo tan importante como esto no se le habría pasado por alto. ¿Se avergonzaba William de confesarle a ella que se había vuelto contra el rey? ¿O pensaba que era demasiado estúpida para entenderlo?

Volvieron a oírse las voces.

—Este gobernador Andros afirma claramente que los pactos firmados por los indios tienen el mismo valor que si hubieran sido desgarrados por el zarpazo de un oso. Habrá que solicitar de nuevo la concesión de unas tierras por las que ya hemos pagado el precio de compra. ¡Y sólo con la entrada nos dejarán en la ruina!

—Pueden venir a nuestra iglesia y ordenarnos que nos arrodillemos y que entonemos las melodías de la Iglesia de Inglaterra.

—Mi primo de Boston tuvo que poner la mano sobre la Biblia y jurar ante un juez. ¡Al hombre que me exigiera una cosa así, le pegaría un tiro!

La voz de Matthew se oía perfectamente, fría y tranquila, nunca fuera de tono o de control.

—Pase lo que pase —decía—, aquí en Connecticut no queremos disparos.

—¿Por qué no? —interrumpió otra voz—. ¿Hemos de entregar nuestra libertad sin chistar como en Rhode Island?

—Yo opino que hay que desafiarle —gritó una voz ronca—. En el condado de Hartford tenemos nueve regimientos disponibles. En total alrededor de unos mil hombres. ¡Deja que se enfrente a una hilera de mosquetones, ya verás como cambia de cantinela!

121

—Esto daría lugar a un derramamiento de sangre sin sentido alguno —dijo Matthew con firmeza.

Sigieron oyéndose voces durante una hora, los gritos de enfado precedían a palabras en voz baja imposibles de distinguir. Finalmente, un grupo de hombres con los labios fuertemente apretados salió del salón sin mostrar el más mínimo interés por los refrescos que Rachel les había ofrecido con timidez. Cuando se hubieron marchado, Matthew se dejó caer pesadamente en una silla.

—Es inútil —dijo—. Tendremos que pasar el domingo rogando a Dios que nos dé paciencia.

—Ya sé que es decepcionante —insinuó Rachel buscando alguna palabra de consuelo—, pero, ¿tú crees que nuestras vidas cambiaran tanto? ¿Me refiero aquí en Wethersfield? Seguiremos todos juntos en esta casa y seguramente no perderemos nuestros derechos como ciudadanos de Inglaterra.

Su marido apartó rápidamente de ella aquellos consoladores pensamientos.

—Esto es en lo único en que piensa una mujer —refunfuñó—. En su propia casa. ¿De qué te sirve eso que tú llamas los derechos como ciudadanos de Inglaterra? De nada, son una burla. Todo lo que hemos construido aquí en Connecticut será destruido. Nuestro consejo, nuestro tribunal serán meras sombras carentes de poder. Sí, claro, lo soportaremos. ¿Qué otra cosa podemos hacer? Si de alguna manera pudiéramos poner a salvo nuestra carta de derechos... Este hombre no tiene el privilegio de quitárnosla.

Un poco más tarde, cuando Judith y Kit se desnudaban tiritando en la habitacion de arriba, Kit se atrevió a hacer un comentario.

—No parecen darse cuenta —susurró— de lo poderosa que es la armada real. En una ocasión, cuando en Barbados intentaron retener Bridgetown, el Parlamento inglés envió una flota que los frenó en muy poco tiempo.

—Oh, no creo que luchen —dijo Judith confiada—. Lo que ocurre es que los hombres como padre no quieren ser mandados. Pero el doctor Bulkeley dice que la carta de derechos no expresaba la libertad que en realidad se le ha otorgado. Él cree que los hombres de Connecticut han abusado de la generosidad del rey.

—¿John debe pensar así, supongo? —añadió Kit sin poder reprimirse.

En otro momento Judith hubiera saltado ante esta afirmación, pero su nueva felicidad no se resquebrajaba tan fácilmente.

—Pobre John —rió ahora—. Está tan dividido entre el doctor Bulkeley y padre... Francamente, Kit, yo estoy de acuerdo con madre. No creo que nuestras vidas cambien mucho. Los hombres provocan mucho revuelo con estas cosas. Hubiese deseado que todo esto no sucediera exactamente cuatro días antes del día de Acción de Gracias. Con toda esta gente tan deprimida, la fiesta se va a deslucir.

—Siento curiosidad por ver al gobernador Andros. ¿Te acuerdas que el doctor Bulkeley nos dijo que había sido capitán de los «dragones» en Barbados?

—A lo mejor podemos ir a verle —dijo Judith apagando la vela de un soplo y saltando sobre la cama—. Si viene de Nueva Londres tendrá que cruzar el río en el barco de Smith. Iré a echar una ojeada diga lo que diga padre. ¡Pocas veces tiene una la oportunidad de ver a todos esos soldados vestidos de uniforme!

Al día siguiente por la tarde, la lealtad de la mayoría de los ciudadanos de Wethersfield se había convertido en pura curiosidad. Kit y Judith se encontraron con un buen número de granjeros y sus esposas que viajaban por la carretera sur y se apostaban a lo largo de la orilla del río. Todavía tenían que esperar por lo menos una hora amenizada por la llegada de una escolta de Hartford dirigida por el capitán Samuel Talcott, uno de los hombres de Wethersfield a quien Kit reconoció con sorpresa por haberle visto ocasionalmente en las reuniones del tío Matthew.

—No pienso saludar a este Andros —comentó un granjero—. Antes de hacerlo prefiero ser devorado por los cangrejos.

—¡Mira qué caballo tan precioso hay aquí preparado para Su Excelencia. Tenían que haberme consultado antes. ¡Ya hubiera encontrado yo un caballo para ése!

El capitán Talcott notó el creciente descontento entre la muchedumbre que aguardaba y, elevando la voz, dijo:

—No habrá ninguna demostración. El gobernador viene por orden de Su Majestad el rey. Se le recibirá con todos los respetos que se merece.

Surgió un murmullo en el momento en que en la orilla opuesta apareció el primer jinete vestido con una chaqueta roja.

—¡Allí está! —gritaron unas voces excitadas—. ¡Ese tipo alto que está bajando del caballo! ¡Y que sube en la primera barcaza, allí!

Las barcazas cruzaron el río sin contratiempo y el destacamento de Boston echó pie a tierra en la orilla de Wethersfield. Había más de setenta hombres entre los que se encontraban dos trompetistas y una banda de granaderos. Kit estaba emocionada al ver las familiares chaquetas rojas. ¡Qué altos, guapos y elegantes estaban comparados a los soldados vestidos con abrigos azules tejidos en casa!

¡Y Andros! Era un verdadero caballero, con su elegante abrigo bordado, su aire de dirigente y el esplendor de sus negros rizos deslizándose sobre el cuello de terciopelo. ¡Con qué elegancia se erguía sobre la silla de montar de aquel caballo ajeno! Era un señor, un oficial de los «dragones» del rey, ¡un caballero! ¿Quiénes eran estos vulgares granjeros para discutirle su derecho real? En él, su aire desafiante parecía natural.

El gobernador Andros no tuvo ningún motivo de queja de la recepción que se le brindó en Wethersfield. La gente guardó un respetuoso silencio. La escolta de Hartford saludó y demostró una disciplina digna de elogio. Cuando el destacamento se fue alejando por la carretera, varios puños se alzaron y algunos chiquillos amasaron bolas de barro para lanzarlas a las pezuñas de los últimos caballos. La mayoría estaba constituida por un grupo de personas decepcionadas que regresaron cabizbajas a sus abandonados quehaceres. La majestuosidad de Andros y su cortejo había resquebrajado su confianza. Sabían que aquel hombre arrogante iba a reunirse con su alcalde y que antes de que cayera la noche tendría las vidas de todos en sus manos.

Aquella tarde, el desespero y la resignación invadieron la casa de los Wood, igual que, pensó Kit, en la víspera del día del juicio final del que hablaba el sacerdote durante la función. Ni siquiera tendrían visitas. William era un miembro de la milicia de Hartford y John había enviado el recado de que tenía que atender a dos pacientes del doctor Bulkeley mientras éste asistía a la reunión. Ante la ceñuda expresión de Matthew, los demás casi no se atrevían a murmurar. Kit se alegró cuando ella y Judith pudieron escapar hacia el frío santuario de su dormitorio en el piso de arriba.

Se habían dormido profundamente cuando unas fuertes pisadas en la carretera les sobresaltaron, seguidas por el relinchar de un caballo. Se oyó un retumbante golpe de mosquetón contra la puerta de la casa.

Matthew debía estar despierto y levantado porque antes de que el ruido cesara pudieron oír la aldaba de la puerta al abrirse. En un instante, Judith saltó de la cama seguida por Kit. Se pusieron unas gruesas batas sobre el camisón y luego abrieron la puerta del dormitorio. Del otro lado del pasillo salió Rachel, todavía vestida. Las tres mujeres se apelotonaron en lo alto de la escalera. Para asombro de Kit, el hombre que entró por la puerta en dirección a la luz de la vela de Matthew era William.

—¡Señor, está a salvo! —irrumpió antes de que la puerta se cerrara—. ¡La carta de derechos está a salvo en un sitio donde no podrán ponerle la mano encima!

—¡A Dios gracias! —exclamó Matthew reverente—. ¿Estabas en la reunión, William?

—Sí, señor. Desde las cuatro. El Ilustrísimo Edmond tenía muchas ganas de hablar hoy. Los discursos de bienvenida han durado casi tres horas antes de poder abordar el tema que nos concierne.

—¿Y la carta de derechos?

—Estuvo allí todo el tiempo, en el centro de la mesa durante toda la visita. El Ilmo. Edmond ha pronunciado un discurso en el que explicaba cómo íbamos a mejorar todos. Se hizo de noche y pidió que le trajeran luz. Al poco tiempo la habitación se llenó de humo y hacía mucho calor, y cuando alguien se dispuso a abrir la ventana, la corriente apagó las velas. Pasaron unos minutos antes de que se volvieran a encender. Nadie se movió. Por lo que yo pude observar, todos se quedaron en sus puestos. Pero cuando se encendieron las velas de nuevo, la carta de derechos había desaparecido. Removieron cielo y tierra para encontrarla pero no se halló ni rastro de ella.

—¿Se enfadó el gobernador?

—Usted le hubiera admirado, señor, aun sin quererlo. Se quedó sentado tranquilo y frío como un témpano. Sabía que el papel no se encontraría y no pensaba rebajarse y preguntar por él. Tal y como estaban las cosas se podía permitir ignorarla.

—Sí... claro —dijo Matthew solemne—. Tiene el poder en sus manos.

—Sí. El gobernador Treat leyó una declaración y todos la firmaron, la colonia de Connecticut es un anexo de Massachusetts. El gobernador Treat será nombrado coronel de Milicia.

—¿Y Gershom Bulkeley?

—Dicen que será nombrado, por su lealtad, juez de paz.

—Hum... —resopló Matthew. Permaneció un momento recapacitando sobre aquellas noticias—. La carta de derechos —insistió—, ¿sabes lo que ha sido de ella?

William dudó. Por primera vez se dio cuenta de la presencia de las tres mujeres y echó una breve y avergonzada mirada escaleras arriba.

—No, señor —respondió—. La habitación estaba a oscuras.

—Entonces, ¿cómo sabes que está a salvo?

—Está a salvo, señor —dijo William seguro de sus palabras.

—Entonces podemos levantar nuestras cabezas —dijo Matthew respirando profundamente—. Gracias por venir, jovencito.

Cuando la puerta se cerró detrás de William, Matthew se volvió hacia las mujeres que se hallaban en la escalera.

—Podemos dar gracias a Dios por esta noche —dijo—. Ahora marchaos a la cama y recordad, si oís hablar de este asunto, vosotras no habéis oído nada, nada de nada. ¿Me habéis entendido?

—¿Podrás dormir ahora, Matthew? —preguntó su mujer ansiosa.

—Oh, sí —respondió—. Ahora podré dormir. Nos esperan tiempos difíciles aquí en Connecticut, pero un día, cuando hayan pasado, y pasarán, sacaremos nuestra carta de derechos a la luz y volveremos a empezar. Mostraremos al mundo lo que significa ser hombres libres.

Las dos chicas volvieron a entrar en su frío dormitorio y se metieron otra vez en la cama temblando. Mientras Kit permanecía desvelada en la oscuridad, se oyeron unos gritos lejanos, unos fragmentos de voces roncas y unos cánticos irrefrenables como nunca había oído antes en Wethersfield, que le recordaron los días de su niñez. De pronto se puso a reír sorprendiendo a Judith.

—Ya sé adónde ha ido a parar la carta de derechos —murmuró—. Se la llevaron los espíritus.

—¿De qué hablas? —dijo Judith medio dormida.

—Ahora me acuerdo de que hoy es la noche de Todos los Santos. Esta es la noche en la que las brujas montan en su escoba y se van a otros países y los espíritus hacen toda clase de tropelías.

—Tonterías —dijo Judith—. Aquí en Nueva Inglaterra no creemos en esto. Además William sabe perfectamente dónde está la carta. Sé que lo sabe.

Desairada una vez más, Kit guardó silencio y escuchó aquel desacostumbrado griterío en la lejanía. Curiosamente, se sintió alegre. Sabía que había presenciado una seria insumisión ante el rey pero, sin embargo, su corazón se alegraba de que su tío hubiera vivido aquella pequeña victoria. Ahora, quizá habría un poco más de paz en casa. No, no era esto únicamente. Hoy, esta noche, había comprendido lo que la tía Rachel vio en aquel hombre tan serio que le había hecho atravesar un océano para estar a su lado. En él había una especie de magnificencia, a pesar de no poseer el uniforme que hacía del gobernador Andros un hombre tan espléndido. Allí echada, en la oscuridad, Kit tuvo que admitir que estaba orgullosa de su tío.

Capítulo 16

—Esta semana no habrá Acción de Gracias —anunció Matthew cuando llegó a casa al día siguiente—. Parece ser que aquí en Connecticut no tenemos una autoridad que proclame nuestras fiestas. Su Excelencia, el nuevo gobernador, declarará la celebración del día de Acción de Gracias cuando le plazca.

—¡Oh! —exclamó Judith desilusionada. Habíamos planeado un día estupendo. Y Mercy ya había hecho unos pasteles.

—Podemos dar gracias a Dios de tener abundancia de comida y buena salud para disfrutarla.

—Pero, ¿no habrá juegos? ¿No tocará la banda?

—No hay nada que celebrar —le advirtió Matthew—. Será mejor que los jóvenes recuerden que el ocio engendra maldad. Ayer noche ocurrió una desgracia. Desde que estamos en Wethersfield nunca habíamos vivido un disturbio así en la noche de Todos los Santos.

—Creo haber oído unos gritos —dijo Rachel—. Me recordó a mi barrio en Inglaterra. Los jóvenes salían a encender hogueras y desfilaban por las calles.

—Es mejor no mencionar estas cosas —le dijo su esposo haciéndola callar—. Todos los Santos es un festejo papista. Pero nuestros jóvenes no tuvieron nada que ver con esto, gracias a Dios. Era un grupo de marineros escandalosos de un barco de mercancías.

—¿Han causado daños?

—No muchos porque tenemos un condestable que cumple muy bien y rápidamente con su trabajo. Ahora los tres cabecillas están recluidos enfriando sus humos, y el día de la Lectura de las Escrituras serán atados al cepo para que todo el mundo los vea.

—¿Qué hicieron, padre? —preguntó Judith muy serena. Sus ojos se encontraron intencionadamente con los de Kit al otro lado de la mesa.

—Entraron en el pueblo armando jaleo antes de la medianoche. Siento decirte, Katherine, que William fue elegido como objetivo de una de sus bromas de mal gusto.

Kit no se atrevió a hacer ninguna pregunta. Su tío continuó:

—Iluminaron su casa —les dijo con voz grave.

—¿Quieres decir que la quemaron? —preguntó Rachel horrorizada.

—No. Pero lo hubieran podido hacer. Pusieron linternas en los marcos de las ventanas a las que hay que poner cristales nuevos. Unas linternas hechas de calabaza con velas en el interior y unas caretas recortadas en los lados para dejar pasar la luz a través.

—¡Fuegos fatuos! —exclamó Judith. A Kit se le escapó una risita incontrolada. Inmediatamente, se quedó horrorizada por su comportamiento, y, muy confundida, clavó la mirada en una grieta de la madera que tenía enfrente.

Su tío echó una mirada recelosa a las chicas.

—No importa cómo se llamen pero esas cosas son una invención del demonio. Fue un acto de blasfemia tremendo. Espero que sean castigados severamente.

Para el jueves, día de la Lectura, así como el día del castigo público, faltaban sólo dos fechas. Kit sabía que de alguna manera tenía que resistir la espera. Aunque la verdad es que ya intuía lo que iba a ver. No le servía de nada decirse a sí misma que había docenas de barcos de carga en el río y que, a lo mejor, el *Delfín* estaba ya en alta mar. Kit sabía perfectamente quién sería por lo menos uno de los culpables al que colocarían en el cepo, y por la sonrisita de los bonitos labios de Judith supo que ésta tampoco tenía la menor duda sobre la cuestión.

El jueves, Kit abandonó el inútil intento de concentrarse en el trabajo. A pesar de todas las tentativas para huir de la pesadilla que le esperaba, sabía que no podría evitarla de ningún modo. Una de las cosas que más le horrorizaba era la idea de tener que pasar por delante de la iglesia en presencia de Judith. Una hora antes de la función y mientras la familia parecía estar ocupada, Kit salió de la casa sin ser vista y se dirigió hacia la calle mayor con un nudo de terror oprimiéndole las costillas.

Al principio no pudo distinguir muy bien el cepo. Estaba rodeado por los numerosos mirones de siempre, y también por los transeúntes. Aquel no era lugar para una joven sola, pero Kit tenía que verlo. Se fue acercando cerrando los puños cada vez con más fuerza.

Sí. Eran los tres tripulantes del *Delfín* y ninguno de ellos mostraba la más ligera señal de arrepentimiento. Uno de los tres estaba sentado con la cabeza baja y ostentaba una expresión de verdadera repugnancia. Nat y el marinero pelirrojo que, aquella mañana en el río pintaba la escultura del delfín, intercambiaban insultos alegremente con un grupo de chiquillos que se había detenido para disfrutar del espectáculo. Los dos acusados respondían de una forma impúdica que divertía a los mirones. Pero a pesar de sus rápidas respuestas aquel juego no era limpio ya que, como Kit observó, los cepos estaban manchados de barro de las bolas que les habían lanzado. Incluso mientras ella los miraba, alguien arrojó una manzana que voló por los aires yendo a rebotar en la frente de Nat. La gente aplaudió la puntería pero el comentario de Nat provocó un rugido de aprobación aún más intenso.

—¡Vigila tu lengua, sinvergüenza! —gritó un granjero al descubrir la sonrojada cara de Kit—. ¡Hay una señora!

Nat giró la cabeza una pulgada o dos, todo lo que el cepo le permitía, y se la quedó mirando sin la más mínima señal de reconocerla. Su presencia había estropeado el juego. Los muchachos se desperdigaron y, por un momento, los tres prisioneros quedaron abandonados. Kit, en un impulso de piedad y desasosiego al mismo tiempo, salió de entre los árboles y se acercó.

Nat la contempló sin un sólo parpadeo en sus ojos azules. Ahora que Kit se encontraba frente a él descubrió el hematoma que el malintencionado misil había causado en su rostro. De pronto, sus ojos se llenaron de lágrimas.

—¡Kit! ¡Por el amor de Dios! —susurró Nat irritado—. ¡Aléjate de aquí ahora mismo!

Kit se acercó todavía más. Observó cómo los apretados tablones ceñían las fuertes y bronceadas muñecas de Nat.

—¡Esto es horrible, Nat! —gritó—. ¡No puedo verte metido en este odioso artefacto!

130

—Estoy bastante cómodo, gracias —aseguró Nat—. No malgastes tu piedad conmigo. Es tan espacioso como una litera de barco en las que he dormido.

—¿Puedo hacer algo para ayudarte? ¿Tienes hambre?

—Deja de hacerte la piadosa. Lo que hice valió la pena. No me importaría sentarme aquí cinco horas más para ver la cara que tenía Sir William la otra noche.

Aquel muchacho era imposible. Kit dio media vuelta con un revoloteo de sus enaguas y se alejó. No faltaba nada más que constatar cómo la estaban mirando unos feligreses que había llegado temprano a la iglesia. Esto les daría ciertamente un tema sobre el que chismorrear. Con la cabeza bien alta, Kit hizo un esfuerzo por avanzar con pasos de señora. Se detuvo a la puerta de la iglesia para leer el aviso escrito:

Por robar calabazas en un campo y por hacer lumbre en una casa, los tres culpables permanecerán en los cepos durante una hora antes de la función y una hora después. Pagarán una multa de cuarenta chelines cada uno y, desde ahora, se les prohibirá, bajo pena de recibir el castigo de treinta latigazos atados en la estaca, cruzar los límites del pueblo de Wethersfield.

De golpe, el coraje de Kit se desvaneció. Simplemente no era capaz de entrar en la iglesia. Le era imposible entrar allí y oír dicha sentencia de viva voz. No podía enfrentarse con la familia ni con las murmuraciones, ni con las miradas que convertirían el banco de la iglesia de su familia en una vergüenza pública. Así pues, recogiéndose las faldas, corrió sin pensarlo más, y dando un rodeo a la plaza huyó hacia la casa de su tío. Era la primera vez desde su llegada a Wethersfield que osaba faltar a la Lectura de los jueves.

La familia ya había salido para ir a la iglesia, y Mercy, ocupada con su rueca no la oyó entrar. Kit subió las escaleras y se dirigió a su dormitorio, pero la habitación vacía no era el refugio que necesitaba. Tenía que hablar con alguien. Mercy, claro, la escucharía con atención, pero, ¿cómo iba a explicarle lo de Nat? Sólo había una persona que podía comprenderla.

Ésta es una buena oportunidad para llevarle a Hannah el pedazo de tela, pensó Kit con sensatez. Por lo menos, seguro que esta tarde no me encontraré ningún amigo marinero por allí. Bajó de nuevo las escaleras y se dirigió hacia el estanque del Mirlo por el serpenteante camino que cruzaba las praderas.

—No te atormentes, niña —dijo Hannah filosóficamente después de que Kit hubiera relatado la historia—. El cepo no es tan espantoso. Lo sé porque yo he estado en él.

—Pero a Nat le han prohibido la entrada en Wethersfield. No podrá abandonar el barco ni venir a verte.

—Bueno, bueno. Sí, es una lástima —dijo Hannah sin perturbarse. A pesar de su infortunio Kit tuvo que sonreír. ¿Cómo no recordaba que desde que Nat tenía ocho años había encontrado siempre la manera de llegar al estanque del Mirlo por ignorados caminos de la pradera? Hannah sabía que no existían amenazas que pudieran impedir el regreso de Nat. Como siempre, en aquella casa, las cosas parecían mucho menos desalentadoras.

—Este William Ashby... —dijo Hannah pensativa—. Nat nunca me había hablado de él.

—Estaba en casa, de visita, el día que Nat me acompañó en el camino de vuelta. Allí lo conoció.

—¿Quiere esto decir que te visita a ti?

—Sí. —¿Por qué nunca le había hablado a Hannah de William?

—¿Es el joven que te corteja, Kit?

Kit bajó la vista.

—Me imagino que se le puede llamar así, Hannah.

Los ojos rodeados de arrugas de Hannah observaron a Kit cabizbaja.

—¿Tienes la intención de casarte con él? —preguntó con voz suave.

—Yo... No estoy segura. Todos esperan que me case con él.

—¿Le quieres?

—¿Cómo puedo saberlo, Hannah? Es un buen muchacho y le gusto. Además —dijo Kit con voz suplicante—, si no me caso con él, ¿cómo escaparé de casa de mi tío?

—¡Qué Dios te bendiga, niña! —dijo Hannah en voz baja—. A lo mejor ésta es la respuesta a tu situación. Pero si no hay amor, no te escaparás nunca.

En aquel momento Kit abrió la puerta a Prudence, que había llamado tímidamente. Traía más noticias de los prisioneros.

—Nat no podrá venir a verte —le dijo a Hannah—. Los han trasladado al puerto y los han metido en el *Delfín*. Al pasar, Nat me saludó con la mano.

—¿Conoces a Nat? —preguntó Kit sorprendida.

—Claro que lo conozco. Viene a ver a Hannah. La última vez estuvo aquí escuchando mi lectura.

¿Por qué le molestaba pensar que Nat compartía con ella las clases de lectura? Kit se hacía esta pregunta intentando ser razonable. ¿Cuántas visitas de Nat se había perdido? Imaginarlos a los tres juntos mientras ella trabajaba duramente en los campos de maíz le provocaba unos celos terribles. Disgustada consigo misma cogió el paquete envuelto en lona de velamen y se lo entregó a Hannah.

—A pesar de todo, te envía este regalo —le dijo ahora ya más animada.

Hannah comprobó nostálgica la longitud de la tela gris.

—Es simpático por su parte, ¿verdad? —exclamó—. Está tan bien tejida y es tan suave... Demasiado fina para mí. ¿Sabes?, la verdad es que estos viejos ojos ya no ven ni para enhebrar una aguja.

—Entonces, Prudence y yo te haremos un vestido —prometió Kit alegre.

—¿Sabes coser? —preguntó Prudence deslumbrada al descubrir otro talento de Kit.

—Claro que sé coser. Nunca he confeccionado un vestido pero aprendí a bordar cuando aún no tenía tu edad. Pediré prestado un patrón y unas tijeras a Mercy y ¡ya verás!

Al inicio de la clase de lectura, Kit extendió la tela en el suelo, colocándola tal cómo había visto hacer a Mercy, intentando aprovechar el pedazo de tela lo mejor posible. La idea de cortar y coser ella sola un vestido le ilusionaba.

—¿De verdad me dejarás dar unos puntos? —preguntó Prudence con los ojos llenos de luz.

—Naturalmente —prometió Kit sonriéndole. ¡Qué divertido sería hacerle también algo bonito y cálido a Prudence!, pensó ansiosa. ¿No le daban nunca a aquella criatura algo decente para ponerse? Las habituales escuálidas mangas ni siquiera le cubrían los codos. Y le picaba siempre la piel de los hombros a causa de la lana burda que los abrigaba.

Kit sabía que nunca podría hacerle el más pequeño regalo a Prudence. Ya se arriesgaba lo suficiente con las lecciones. Al mirar de nuevo a la pequeña, Kit volvió a sentir cierto malestar. ¡Qué espantoso sería para Prudence que descubrieran aquellas reuniones! Aquel milagro que se había producido ante los ojos de todos, le había hecho olvidar el tremendo peligro que corría.

Prudence era una niña completamente distinta a la desconsolada y encogida criatura que se había plantado en el camino frente a la escuela. La pequeña flor, la auténtica Prudence, había ido abriendo sus pétalos poco a poco a la luz de la amistad de Kit y del afecto cariñoso de Hannah. Su mente era rápida y siempre dispuesta a aprender. Había memorizado la libreta entera en pocos días y avanzado en la lectura del libro de texto. Después de esto, se hallaba ya sumergida en la única lectura de que disponían: la vieja Biblia de Hannah. Kit había elegido unos salmos para empezar y, lentamente, línea a línea, Prudence deletreaba cada frase mientras Hannah escuchaba sentada a su lado, moviendo a menudo los labios al mismo tiempo que los de la niña, repitiendo las palabras que recordaba pero que ya no podía leer.

Naturalmente, muchos días Kit no podía acudir a la cita, pero ahora Hannah y Prudence eran muy buenas amigas y Kit sabía que la lectura continuaba. Con frecuencia ocurría que Prudence no podía huir del estrecho control de su madre y también había días en los que su pequeño rostro aparecía tan fatigado y exhausto que Kit se preguntaba con dolor si la niña había sido castigada por no realizar sus tareas pertinentes. Hasta ahora siempre había sido capaz de acabar con estas dudas pero hoy había sufrido una dura lección de aquella colonia puritana.

Sintió por primera vez un dolor punzante de verdadero pánico.

—Hannah —le dijo suavemente inclinada sobre la cabeza de Prudence—. Tengo miedo de seguir así. ¿Qué pasaría si nos descubrieran? Nat es suficientemente fuerte para soportar el castigo, pero Prudence...

—Sí —asintió Hannah con voz suave—. Sabía que tarde o temprano te preocuparías por ello.

—¿Qué debo hacer, Hannah?

—¿Has buscado una respuesta?

Prudence levantó la vista.

—No me iréis a decir que no venga más, ¿verdad Kit? —dijo rogando—. ¡No me importa lo que me hagan! ¡Puedo aguantarlo todo si me dejais venir!

—Claro que puedes venir —dijo Kit agachándose y dando un abrazo de consuelo a la niña—. Ya encontraremos una solución. Mira, también te he traído un regalo.

Kit extrajo de su bolsillo tres objetos preciosos que, para ser reunidos, habían requerido cierto ingenio: un cuaderno a medio usar que había encontrado en uno de los baúles, un pequeño tintero y una pluma.

—Ya es hora de que aprendas a escribir —dijo.

—¡Oh, Kit! ¿Ahora? ¿En este preciso momento?

—Sí, ahora mismo. Observa atentamente —y abriendo el cuaderno por una página en blanco escribió con mucho cuidado el nombre de la niña en la primera línea: P-R-U-D-E-N-C-E—. Ahora veamos si puedes copiarlo.

La pequeña mano temblaba tanto que al primer trazo brotó una mancha de tinta que se esparció por toda la página. Prudence levantó la vista asustada.

—¡Oh, Kit! ¡He estropeado tu maravilloso cuaderno!

—No importa. Tendrías que haber visto las grandes manchas que hacía yo. Ahora, así, muy despacito...

Finalmente, escribió su nombre, Prudence, con unas letras bonitas y sin borrones. Prudence estaba boquiabierta ante su propia habilidad. Hannah se acercó para admirar su trabajo.

—Déjame hacerlo otra vez —rogó la niña—. Esta vez haré una erre más recta. —Cogió la pluma entre sus tensos y cuidadosos dedos y, mientras sus labios pronunciaban las letras, iba trazando las líneas. Sobre su cabeza inclinada, Hannah y Kit intercambiaron una sonrisa. Durante un rato, ambas permanecieron escuchando los rumores de la casita: el rascar de la pluma, el crepitar del fuego y el pausado ronroneo de la gata amarilla.

¡Qué paz!, pensó Kit acercando lentamente sus pies al fuego. ¿Por qué será que en casa de Hannah hasta la chimenea tiene un resplandor especial? Tengo la misma sensación que el día en que los rayos del sol caían sobre mí, sentada al lado de Nat sobre el tejado. Si ahora mismo, en aquel banco de enfrente... Pero, ¿qué pensamientos tan ridículos eran éstos? Kit se enderezó.

—Ya es demasiado oscuro para trabajar —dijo. Prudence dejó la pluma con un largo suspiro y sentándose junto a la chimenea acunó en sus brazos el relajado y soñoliento gato.

—Me gustaría vivir aquí con vosotras y la gata —dijo melancólica apoyando una mejilla contra la suave y dorada piel del animal.

—A mí también me gustaría —dijo Hannah cariñosamente.

—¿Recuerdas que Nat dijo que era como el salmo que yo leía

aquel día? —dijo la niña en una ensoñación—. «Que la paz sea entre tus paredes».

—Bueno —interrumpió Kit un poco brusca—, no habrá paz en ningún lugar si no regresamos a casa corriendo. —Abrió la puerta de la choza y, al hacerlo, una vedija empujada por una ráfaga del viento de noviembre se coló esparciendo por la atmósfera unos hilitos blancos como de tela de araña. Prudence fue a dar un abrazo a Hannah.

Kit recordaría muchas veces aquella escena que la acompañaba por el oscuro sendero. ¿Se trataba de una premonición, se preguntaba, lo que había convertido aquel momento en algo tan conmovedor, alguna premonición de que aquella sería la última tarde que las tres pasarían juntas en la cabaña? También recordó que durante todo el trayecto de vuelta a casa estuvo intentando encontrar, sin éxito, aquella respuesta prometida por Hannah que debía brotar de su propio corazón.

Rachel la recibió con reproches.

—Llegas muy tarde, Kit. No está bien que hayas faltado a la iglesia. Tu tío está muy enfadado. Y John ha venido a casa a la salida de la iglesia para despedirse de ti y de Mercy.

—¿Despedirse? ¿A dónde se va?

Rachel miró al otro lado de la habitación en donde se encontraba Judith preparando la mesa junto al fuego. Pero Judith, con los ojos enrojecidos de tanto llorar, no dijo nada.

—¿Qué ha pasado, tía Rachel? —preguntó Kit intrigada.

—John se ha enrolado en la milicia. Hay un destacamento que sale de Hartfod para ayudar a algunos de los pueblos del norte de Hadley, Massachusetts, contra los ataques de los indios, y John se ha ofrecido como voluntario.

—¿A luchar? —Kit estaba demasiado sorprendida para ser discreta—. Vaya, John es la última persona que me imaginaría haciendo de soldado.

—Lo que necesitan es un médico y este año John ha aprendido mucho sobre medicina.

—Pero, ¿por qué ahora, en plenos estudios?

—Creo que ha sido la única manera para él de romper con el doctor Bulkeley —explicó Rachel—. ¡Ha intentado con tanto ahínco reconciliar las ideas de Gershom con su educación! Ahora, parece ser que el doctor va a publicar un texto a favor del gobernador Andros y el nuevo gobierno y John no ha tenido estómago para resistirlo más. Todos pensamos que ha hecho muy bien en marcharse.

—Yo no —replicó Judith—. Creo que no es nada más que tozudez por su parte.

—Esto no es justo, Judith —Mercy hablaba desde el hogar. Estaba pálida y tenía un aspecto más cansado que de costumbre—. Creo que deberías estar orgullosa de él.

—Pues no lo estoy —respondió Judith—. ¿Qué importa lo que escriba el doctor Bulkeley? Ahora John no tendrá una iglesia propia y no podrá casarse nunca o construir una casa. —Las lágrimas de Judith brotaron de nuevo.

—Volverá —le recordó Rachel—. La campaña durará sólo unas cuantas semanas.

—No estará aquí por Navidades. Si yo le importara algo, no se habría marchado.

—¿No te da vergüenza, Judith? —dijo su madre—. ¡Sécate esas lágrimas antes de que llegue tu padre!

Mercy habló midiendo mucho sus palabras:

—Intenta comprender, Judith —dijo lentamente—. A veces no es que al hombre no le importes, es que tiene que demostrarse algo a sí mismo. Yo no creo que John deseara marcharse. Creo que, de alguna forma, tenía que hacerlo.

Judith se había cerrado a cualquier tipo de consuelo.

—No sé de qué me hablas —dijo con brusquedad—. ¡Todo lo que sé es que éramos absolutamente felices y ahora lo ha estropeado todo!

Capítulo 17

Cinco días después de la marcha de John Holbrook, Judith cayó enferma. Su madre, que al principio atribuía sus quejas a un estado melancólico, echó otra ojeada a sus enrojecidas mejillas y la metió en la cama. Dos días más tarde, la alarma había cundido por todos los rincones de Wethersfield. Dieciséis niños y jóvenes estaban afectados por aquella misteriosa fiebre y ninguno de los remedios conocidos parecía ser eficaz. Durante días y días Judith se agitó en el camastro que le habían improvisado delante del fuego, ardiendo de fiebre, gimiendo de dolor y a veces delirando de tal forma que era incapaz de reconocer a las tres mujeres que revoloteaban a su alrededor. Hicieron venir a un joven cirujano de Hartford para que le extrajera sangre, y la obligaron a sorber por sus agrietados labios el nauseabundo brebaje hecho de sapos cocidos que tampoco dio resultado. La fiebre tenía simplemente que seguir su curso.

Al cuarto día Kit se sintió mareada y con frío, y, al atardecer, agradecía echarse en el colchón que habían llevado a rastras junto al fuego al lado de su prima. Pero su lucha contra la enfermedad fue corta. Su fuerte y joven cuerpo alimentado con los frutos y el sol de Barbados tenía una interminable vitalidad y curó pronto, mientras que Judith aún seguía convaleciente sin poderse casi incorporar para beber su potaje. Kit, todavía débil, se estaba vistiendo con dificultad cuando pidió ayuda a su prima Mercy para que le abrochara los botones de la parte posterior del vestido, y, de pronto, se quedó perpleja cuando su prima mayor se dobló asaltada por un fuerte acceso de tos. Kit dio una vuelta en redondo y se quedó frente a ella.

—¿Desde cuándo tienes esta tos? —le preguntó—. ¡Déjame tocar tu mano! ¡Tía Rachel, por el amor de Dios, mete a Mercy en la cama, deprisa! ¡En este estado y cuidándonos a nosotros!

Unas lágrimas fruto de debilidad y de protesta corrieron por las mejillas de Mercy mientras Rachel se agachaba para quitarle los zapatos. Kit puso sobre las brasas el calentador para templar la cama de Mercy que se hallaba en un rincón, y Mercy ocultó su rostro en la almohada como si estuviera avergonzada de dar tanto trabajo.

Mercy estaba gravemente enferma. El joven doctor de Hartford vino dos veces a sacarle sangre. La tercera vez se quedó mirándola muy serio y dijo desolado:

—No me atrevo a sacarle más sangre.

Rachel elevó una tímida mirada hacia su marido.

—Matthew, ¿no crees que... que a lo mejor Gershom Bulkeley sabría de algo que pudiera ayudarla? ¡Es tan buen médico!

Los labios de Matthew se crisparon.

—He dicho que este hombre no entrará nunca más en mi casa —le recordó a su mujer—, y no se hable más del asunto.

Rachel, después de cuidar durante tanto tiempo a Judith estaba a punto de derrumbarse. Matthew, tras trabajar en los campos durante todo el día, obligó a descansar a su mujer y se sentó junto a la cama de su hija para velarla toda la noche. Judith contemplaba la escena impotente, todavía demasiado débil incluso para peinarse. Kit tuvo que cocinar y lo hizo lo mejor que supo midiendo la harina de maíz, revolviendo el pudín, vertiéndolo en un cazo para llevarlo a ebullición y maldiciendo aquella torpeza suya que nunca se había molestado en vencer. Encendió el fuego, calentó agua para la colada a fin de que Mercy tuviera sábanas limpias sobre su cuerpo desasosegado. Sacó agua del pozo, cocinó y coló un potaje especial para Judith y tendió la ropa del tío Matthew delante del fuego para que se secara. Por la noche dormía un poco pero se despertaba siempre con un sobresalto convencida de que algo había quedado por hacer.

Mercy se hallaba pisando la maroma entre el sueño y la duermevela. Nada la sacaba de aquel estado y cada respiración suya era una lucha tan dolorosa que su agonizante ronquido llenaba toda la casa. El miedo se instaló en todos los rincones de aquel hogar. La familia no se atrevía a hablar, sólo emitía susurros aunque, por otro lado, Mercy no estaba en condiciones de poder oír nada. La cuarta mañana de la enfermedad de Mercy, Matthew no fue a trabajar. Permanecía lánguidamente sentado frente a la mesa pasando las páginas de la Biblia buscando, en vano, alguna esperanza a la que agarrarse o, a veces, se encerraba en el salón desde donde se oían sus pesados pasos ir de un lado a otro de la habitación. Hacia el mediodía, descolgó su abrigo.

—Voy a salir un momento —dijo con voz ronca.

Ya tenía una manga puesta cuando de pronto llamaron a la puerta y, al descorrer el cerrojo, la voz de un hombre irrumpió con violencia en la silenciosa habitación.

—¡Déjame entrar, hombre! Tengo algo que decirte.

—Matthew —insistió—, eres más tozudo que una mula y que un rebelde. Pero ahora no es momento para la política. Hubo un tiempo en que Mercy era como mi propia hija. Déjame verla, Matthew. Déjame intentar salvarla con la ayuda de Dios.

La respuesta de Matthew sonó como un sollozo.

—Entra, Gershom. ¡Que Dios te bendiga! Iba a buscarte.

La sólida presencia del doctor Bulkeley les aportó a todos nuevas esperanzas.

—Tengo una teoría —dijo—. He leído algo interesante, y probarlo no puede hacerle ningún daño. Pon algunas cebollas a hervir.

Durante cuatro largas horas Kit trabajó junto al doctor Bulkeley. Cortaba cebollas a rodajas parpadeando por el escozor que le provocaban las lágrimas y mantenía el fuego encendido bajo la gran olla de hierro. Cuando las cebollas estuvieron bien cocidas el doctor Bulkeley las colocó en un paño de hilo y aplicó aquella cataplasma abrasadora en el pecho de Mercy. En cuanto la cataplasma se enfriaba, tenía que haber otra a punto.

Ya avanzada la tarde, el doctor se puso en pie.

—Tengo otros pacientes que atender —murmuró—. Mantenedla bien abrigada. Volveré antes de la medianoche.

Kit se apresuró a preparar una comida pero nadie tuvo ganas de comer. Sus dedos le pesaban tanto que no podía mover la mano a causa de la fatiga y el miedo, pero despejó la mesa y retiró la comida intacta. Se preguntó si algún día podría escaparse del sonido de aquella espantosa respiración. A cada exhalación de Mercy se resentían sus propios pulmones.

Luego, de pronto, otra preocupación le asaltó. Se oyeron unas fuertes pisadas que se aproximaban y el murmullo de unas voces iba subiendo de volumen a medida que se acercaban a la casa. Llamaron a la puerta con gran estrépito. Las mujeres cruzaron una mirada consternada. Matthew Wood alcanzó la puerta de una zancada y la abrió.

—¿Cómo os atrevéis? —inquirió enfadado con voz queda—. ¿No sabéis que aquí hay un enfermo?

—Lo sabemos muy bien —replicó una voz—. Hay enfermos por todas partes y necesitamos tu ayuda para poner fin a este asunto.

—¿Qué queréis?

—Queremos que vengas con nosotros. Vamos a por la bruja.

—Marchaos de mi casa inmediatamente —ordenó Matthew.

—Primero tendrás que escucharnos —gritó otra voz— si quieres que tu hija se ponga bien.

—Entonces, hablad bajo y sed breves —advirtió Matthew—. No tengo tiempo para tonterías.

—¿Es una tontería que no haya una sola casa en este pueblo sin un niño enfermo? Harás bien en prestar atención a lo que tenemos que decirte, Matthew Wood. El hijo de John Wetherell ha muerto hoy. ¡Con este van tres y todo es culpa de la bruja!

—¿Culpa de quién? ¿De qué estáis hablando?

—¡De la mujer cuáquera! La del estanque del Mirlo. Con su brujería ha estado maldiciendo a este pueblo durante años.

Las voces sonaban histéricas.

—Teníamos que haberla expulsado de aquí hace tiempo.

—¡Una y otra vez se la ha visto conspirar con el diablo allí abajo en la pradera!

—Ahora ha echado el mal de ojo a nuestros niños. ¡Dios sabe cuántos fallecerán antes de que amanezca!

—Esto es una estupidez —dijo Matthew en un tono burlón—. No hay ninguna vieja mujer o bruja que pueda provocar una plaga como ésta.

—¡Sí que puede! —exclamó una mujer con voz chillona.

Matthew se pasó una mano por la frente.

—La voluntad de Dios... —empezó a decir desalentado.

—¡La maldición de Dios, querrás decir! —exclamó otra voz—. Es Su castigo por haber albergado a una cuáquera infiel.

—Será mejor que vengas con nosotros, Matthew. Tu propia hija puede morir. No puedes negarlo.

—No quiero tener nada que ver con este asunto —dijo Matthew con firmeza—. No participaré en la caza de ninguna bruja.

—Será mejor que participes —chilló repentinamente una mujer— y que te ocupes de la bruja que tienes en tu propia casa.

—¡Pregúntale a esta arrogante sobrina tuya dónde pasa su tiempo! —gritó otra mujer desde la oscuridad—. ¡Pregúntale lo que sabe de esa enfermedad de Mercy!

De pronto el cansancio de Matthew Wood desapareció. Con los hombros echados hacia atrás parecía ocupar todo el hueco de la puerta.

—¡Fuera de mi casa! —rugió tan enfurecido que había olvidado la precaución de no gritar—. ¿Cómo os atrevéis a hablar así de una chiquilla tan buena y temerosa? Quien difame a un miembro de mi familia tendrá que vérselas conmigo.

Hubo un silencio.

—No tenía intención de ofenderte —dijo la voz inquieta de un hombre—. Se trata sólo de las habladurías de las mujeres.

—Si no quieres venir habrá otros muchos en el pueblo que si lo hagan —dijo otro de ellos—. ¿Por qué estamos perdiendo el tiempo?

Las voces se alejaron por el camino y volvieron a elevar su tono más allá en la oscuridad.

—¿La han despertado? —preguntó el padre apesadumbrado.

—No —suspiró Rachel—, ni esto ha molestado a esta pobre niña.

Durante un momento no se oyó ningún sonido excepto la entrecortada respiración de Mercy. Kit se había levantado y se encontraba de pie agarrada al borde de la mesa. Ahora, una sofocante ansiedad surgió de sus labios en un angustiado susurro.

—¿Qué van a hacerle?

Su tía levantó la cabeza alarmada. Las negras cejas de Matthew se juntaron con expresión de tristeza.

—¿Y a ti qué te importa?

—¡La conozco! —gimió Kit—. Es una pobre mujer solitaria e indefensa. ¡Oh!, por favor, decidme, ¿le harán daño?

—Esto es Connecticut —respondió Matthew severamente—. Acatarán la ley. Me imagino que la llevarán a juicio. Si puede demostrar su inocencia, no le sucederá nada.

—¿Pero qué harán con ella ahora, esta noche, antes del juicio?

—¿Cómo quieres que yo lo sepa? No hagas más preguntas, niña. ¿No crees que esta noche ya hay bastantes problemas en nuestra propia casa?

El tío Matthew se dejó caer en una silla y hundió la cabeza entre sus manos.

—Vete a dormir un poco, Kit —dijo Rachel apresurada temiendo que volvieran a discutir—. A lo mejor te necesito más tarde.

Kit miraba a ambos desesperada. No iban a hacer nada. Incapaz de retener las lágrimas se echó a llorar y corrió a su habitación.

Arriba, ya en el umbral de su cuarto, se apoyó en el marco de la puerta e intentó serenarse. Tenía que ir a ver a Hannah. Pasara lo que pasara no podía quedarse en casa y dejar que Hannah afrontara sola a aquella muchedumbre. Si pudiera llegar a tiempo para prevenirla... Esto era todo lo que se le ocurría en este momento. Descolgó su abrigo de un tirón y cogiendo las botas de cuero se deslizó escaleras abajo. No se atrevió a descorrer la gran aldaba de la puerta principal, y entonces tuvo que atravesar cautelosamente y de puntillas el frío salón hasta la habitación para salir al jardín por la puerta del cobertizo. Podía oír gritos lejanos y calzándose precipitadamente corrió a lo largo del camino.

Al llegar a plaza de la iglesia se apoyó contra un árbol para recuperar el aliento. La gente se apiñaba. Había unos veinte hombres y niños y unas mujeres llevando todos ellos unas antorchas de pino encendidas. En los roncos gritos y los incongruentes chillidos de las mujeres se percibía una violencia que iba creciendo más y más y Kit sintió un terror que jamás había experimentado antes y que ahora se cernía sobre su persona como una espesa niebla. Por un momento le flaquearon las rodillas y tuvo que agarrarse al árbol para no caer. Luego, su mente se despejó y rodeando la plaza, corriendo de árbol a árbol, como un salvaje, se encaminó hacia la calle ancha y luego hacia la carretera sur.

Era la primera vez que veía las praderas a la luz de la luna. Yacían serenas y silenciosas envueltas en finos velos desprendidos de una bruma que iba a la deriva. Encontró el camino sin dificultad. Pasó por delante del macizo de sauces, y vio frente a ella una profunda y brillante charca que no era más que el estanque del Mirlo y percibió un débil resplandor rojizo que provenía sin duda de la ventana de la choza de Hannah.

La puerta de Hannah no estaba siquiera cerrada con pestillo. Dentro, junto a las aún ardientes brasas de la chimenea se encontraba Hannah en su mecedora, profundamente dormida. Kit tocó suavemente el hombro de la vieja mujer.

—Hannah, querida —dijo, intentando controlar su jadeo—, ¡despierta! Soy Kit. ¡Tienes que venir conmigo, corre, deprisa!

—¿Qué pasa? —preguntó Hannah sobresaltada—. ¿Hay una inundación?

—No hables, Hannah, ponte el abrigo. ¿Dónde están tus zapatos? Aquí, dame el pie, deprisa, ahora mismo.

No había ni un minuto que perder. Cuando salieron a la oscuridad, fueron sorprendidas por el clamor de las voces. Las antorchas parecían hallarse muy cerca.

—¡No, por aquí no! ¡Vamos por el camino que lleva al río!

Al abrigo de la oscuridad Hannah avanzaba vacilante apoyada en el brazo de Kit. De pronto se detuvo en seco.

—¡Kit! ¿Por qué viene esta gente?

—¡Silencio! Hannah querida, por favor...

—Conozco este rumor. Lo he oído antes. Vienen a buscar a los cuáqueros.

—¡No, Hannah, ven...! Yo...

—¡Qué vergüenza, Kit! Sabes muy bien que los cuáqueros no huyen. Thomas cuidará de nosotros.

Kit sacudió desesperada los hombros de la mujer.

—¡Oh, Hannah! ¿Qué voy a hacer contigo?

¡Vaya un momento para ponerse a divagar!

Pero la terquedad de Hannah pronto cedió y agarrándose a Kit empezó a llorar como una niña.

—Por favor, no dejes que me detengan otra vez —rogó—. ¿Dónde está Thomas? No puedo afrontarlo de nuevo sin él.

Esta vez Kit consiguió arrastrar a la llorosa mujer a través de la maleza. A medida que avanzaban, las hojas y ramas al crujir hacían un ruido terrible, pero el rumor detrás de ellas era aún más fuerte. El gentío ya había alcanzado la choza. Se oyó un estruendo como si lanzaran los muebles por los aires y se astillaran al chocar contra las paredes.

—¡Estaba aquí! ¡El fuego todavía está encendido!

—Mira detrás del montón de leña. No puede haberse ido muy lejos.

—¡Ahí está el gato! —chilló una mujer aterrada—. ¡Vigilad!

Se oyo un disparo, luego dos más.

—Se ha escapado. Se ha esfumado.

—Ninguna bala puede matar a este gato.

—Aquí están las cabras. ¡Deshaceos de ellas!

—¡Alto! Yo me quedo con las cabras. Embrujadas o no, valen veinte chelines cada una.

—¡Romped el hechizo de la bruja!

—¡Prended fuego a la choza! Nos iluminará para seguir buscando.

Las dos mujeres siguieron avanzando desesperadamente por un terreno pantanoso por el que arrastraban sus pies. Luego, cruzaron un campo de maíz en el que las matas abandonadas ocultaban sus escurridizas figuras, pasaron por una enmarañada cañada hasta llegar al amparo que ofrecían unos chopos y a la ancha extensión del río iluminado por la luna. Allí tuvieron que detenerse y se agacharon para esconderse detrás de unos troncos. Tras ellas, un resplandor más fuerte y rojo que la propia luna iluminaba las praderas. Se oía un fuerte crujido y un chisporroteo.

—¡Mi casa! —gritó Hannah con una voz tan fuerte que Kit tuvo que taparle la boca con la mano. —¡La casa que construyó Thomas!

Con lágrimas en los ojos, Kit abrazó a la temblorosa mujer y juntas se apretujaron contra los troncos y contemplaron cómo el resplandor disminuía y por fin moría.

La búsqueda por los bosques continuó durante mucho tiempo. Una de las veces, las voces sonaron muy cercanas y el grupo de cazadores invadió el campo de maíz. Dos hombres se acercaron a menos de veinte pies de donde se escondían las dos mujeres.

—¿Crees que habrá cruzado el río a nado? No vale la pena seguir así toda la noche, Jem. Ya estoy cansado. Mañana será otro día.

Los hombres retrocedieron por la orilla del río.

Cuando las voces murieron en la distancia, volvió el silencio. La serenidad invadió de nuevo las praderas. El velo de neblina se cernió otra vez sobre ellas. Después de mucho tiempo Kit se atrevió a estirar sus entumecidos músculos. Junto al río hacía mucho frío y mucha humedad. Atrajo hacia sí el ligero cuerpo de Hannah como si fuera el de un niño, y en aquel momento el temblor de la mujer cesó. Quedó sumida en un ligero sueño como el de los ancianos.

Kit no tenía modo de evadirse como Hannah. Pronto se desvaneció su primera sensación de alivio y sus pensamientos, hasta ahora paralizados por el terror de la persecución, volvieron a surgir revoloteando por su mente sin esperanza. ¿Qué posibilidad les quedaría cuando se hiciera de día? ¿Debía despertar a Hannah y hacerla avanzar río abajo? Pero, ¿hacia dónde ir? Hannah estaba exhausta; toda su fortaleza parecía haber desaparecido con las últimas llamas de su choza. Podría llevársela a casa. Por lo menos allí habría ropa seca y comida caliente, pero su tío era un electo y su deber sería entregarla a la justicia. Una vez encerrada en la cárcel, ¿qué pasaría? ¿De qué serviría un juicio sin nadie que la defendiera excepto una chica loca sospechosa de ser también una bruja? Ni siquiera se podía confiar en que Hannah respondiera correctamente a las preguntas. Seguramente, su mente divagaría y se pondría a hablar de su Thomas.

Y sin embargo, a medida que las interminables horas iban transcurriendo, Kit no encontraba ninguna solución mejor. Pasara lo que pasara, Hannah necesitaba una rápida actuación. Incluso la cárcel era un lugar mejor que aquel tan desprotegido. Cuando la primera luz se reflejó en las aguas del río, Kit tomó una decisión. No irían por la carretera. Andarían por la orilla del río y atajarían por las praderas en dirección a la casa de su tío.

Entonces, inesperadamente, surgió el milagro de entre las tinieblas. Primero las puntas de dos mástiles. Luego una velas transparentes y algo parecido a un espectro saliendo de las tinieblas. Más tarde, al aguzar la vista, Kit vio surgir el perfil de un casco, la proa y la curva de la cola de un pez. El *Delfín*, ¡bendito sea el cielo!, ¡la aparición más bonita del mundo! El *Delfín* navegando hacia Wright Island empujado por una brisa constante.

Kit se puso de pie de un salto.

—¡Hannah! ¡Deprisa! ¡Mira, mira allá!

Sus labios, entumecidos por el frío, casi no podían pronunciar palabra alguna. Kit alzó los brazos al aire saludando frenéticamente. Podía oír la voz de un hombre al otro lado del agua pero la niebla era espesa entre ella y el barco. Se arrancó la enagua y la blandió con frenesí. No se atrevía a gritar. Pero si no atraía su atención, el *Delfín* se alejaría río abajo y perderían su oportunidad.

Quitándose las botas precipitadamente Kit se tiró al agua de cabeza y nadó en dirección al barco. La distancia no era muy larga pero aún así había sobrevalorado su propia resistencia. Cuando el negro casco surgió por encima de su cabeza, Kit estaba jadeando y no pudo elevar la voz sobre el rumor que despedía la estela del barco. Inspiró aire de nuevo y lo volvió a intentar.

Se oyó un grito y unas pisadas precipitadas.

—¡Alerta! ¡Hombre al agua!

—¡Es una mujer!

—¡Aguante allí, señora! ¡Ya vamos!

Kit oyó las órdenes que se daban unos a otros y también el ruido sordo de los cabos al caer y al arrastrarse. El bote salvavidas apareció sobre su cabeza y fue descendiendo hasta tocar el agua con un chasquido. Nat y el marinero pelirrojo estaban en él, y Kit nunca se había alegrado tanto de ver a alguien.

—Lo sabía —gruñó el pelirrojo mientras Kit se agarraba al borde del bote.

—¡Kit! ¿Qué significa este juego?

—Hannah, corre un grave peligro... Nat, le han incendiado la casa. Por favor, ¿puedes llevártela en el *Delfín*?

—¿Dónde está? —preguntó Nat mientras la ayudaban a subir al bote—. ¡Pedid al capitán que eche ancla! —gritó a cubierta—. Nosotros vamos a tierra.

—Allí —dijo Kit—, junto a aquel montón de troncos. Hemos pasado toda la noche allí. No sabía qué hacer y cuando he visto el barco...

De pronto se puso a sollozar y a gemir como una niña de tres años mientras explicaba a trompicones todo lo referente a la bruja, a la caza de la bruja, a la persecución por el campo de maíz y al hombre que había estado tan cerca de ellas. Nat cogió sus manos entre las suyas y las apretó con fuerza.

—Está bien, Kit —repetía Nat—. Os izaremos a las dos y os daremos ropa seca. Aguanta unos minutos más hasta que traigamos a Hannah —explicó Nat mientras el bote se acercaba a la orilla.

Hannah, todavía aturdida, aceptó aquel milagro y el propósito de aquel viaje como una criatura dócil. Y, poco después, tras dos pasos tambaleantes le asaltó de nuevo su terquedad. No pondría un pie en el barco sin su gata.

—No puedo marcharme sin ella —insistió—. No puedo, y tú Nat lo sabes bien. Se morirá de pena, sin tener una casa dónde ir y yo ¡a bordo de un barco!

—Está bien, la iré a buscar —dijo—. Esperad aquí y guardad silencio.

Kit estaba furiosa. Si hubiese estado en el lugar de Nat hubiera agarrado a Hannah y la hubiera subido al bote sin más remilgos. Mientras Nat se alejaba por la orilla, Kit lo siguió a trompicones caminando por encima de la mojada maleza.

—¡Estás loco, Nat! —protestó con los dientes castañeteando de frío—. El gato no vale el riesgo que estás corriendo. Tienes que llevártela de aquí. Si hubieras oído a aquella gente...

—Si quiere su gato lo tendrá. Le han quitado todo lo demás —dijo Nat plantándose en medio de las cenizas y restos de la casa incendiada—. ¡Maltida sea! —exclamó ahogándose de furia—. ¡Maltitos sean! —repitió dando un puntapié a un tronco en ascuas.

Mientras buscaban por el accidentado huerto oyeron un maullido. La gata amarilla salió lentamente de debajo de una planta de calabaza. No estaba dispuesta a que la capturaran y tuvieron que acorralarla, uno a cada extremo del huerto hasta que finalmente Nat se lanzó sobre una mata, arrastró la gata con él y la envolvió bien prieta con su camisa. De nuevo en la orilla, Hannah recibió con alegría el bulto movedizo y subió al bote obediente.

—¿A dónde vamos, Nat? —preguntó Hannah confiada.

—Te llevaré a Saybrook a casa de mi abuela. Serás una buena compañía para ella, Hannah. Vamos Kit, padre se marchará sin nosotros.

—Yo no voy, Nat. Yo sólo quería ver a Hannah a salvo.

—Creo que harías bien en venir con nosotros —dijo Nat enderezándose pero con la voz calmada—. Por lo menos hasta que todo esto haya pasado. Este es nuestro último viaje antes del invierno. Te buscaremos un lugar en Saybrook y te acompañaremos hasta aquí en el primer viaje de la próxima primavera.

Kit negó con la cabeza.

—O puedes seguir el viaje con nosotros a las Indias occidentales. ¡A Barbados!

—Nat, no puedo. Tengo que quedarme aquí —dijo Kit con lágrimas en los ojos.

La mirada de Nat se endureció.

—Claro —dijo cortésmente—. Lo había olvidado. Te vas a casar.

—Es por Mercy —interrumpió Kit tartamudeando—. Está gravemente enferma. No puedo marcharme ahora, es imposible. No sin saber...

Nat la miró atentamente y dando un paso se acercó a ella. Aquellos ojos azules estaban muy cerca de él.

—Kit...

—¡Qué pasa ahí! —surgió una voz potente del *Delfín*—. ¿Qué os retiene?

—¡Corre, Nat! ¡Oirán los gritos!

Nat subió al bote de un salto.

—¿Estarás bien? Necesitas calentarte.

—Ahora iré a casa. Tú date prisa.

Kit permaneció de pie mirando cómo el bote se alejaba de la arena. A medio camino antes de llegar al barco Nat se volvió para mirar a Kit. Luego, levantó un brazo en silencio. Ella levantó también su brazo para devolver el saludo y luego se volvió y miró hacia el camino. No se atrevió a esperar a que el bote alcanzara el *Delfín*. Si esperaba un momento más perdería la razón y el orgullo y se lanzaría al agua detrás del bote suplicando que no la dejaran atrás.

A pesar de que ya había amanecido, la suerte estuvo de su lado. No encontró a nadie en la pradera del lado norte. Sólo debió esconderse en una ocasion detrás de unos matorrales al paso del pastor del pueblo, que con unas cuantas vacas se dirigía a los campos de pasto. Kit llegó a casa sin más obstáculo. La puerta del cobertizo estaba todavía abierta y entró en la casa furtivamente. Se oía un murmullo de voces y al llegar al recibidor vio la puerta de la cocina abierta de par en par.

—¿Eres tú, Kit? —preguntó tía Rachel mirándola—. Decidimos dejarte dormir, pobre criatura. El doctor Bulkeley ha estado aquí toda la noche. ¡Alabado sea el Señor...! Dice que la fiebre ha bajado.

Feliz y cansada a la vez, tía Rachel no había advertido los cabellos chorreantes y los vestidos empapados de Kit bajo su abrigo de lana.

Capítulo 18

Ya con la ropa seca y con el estómago lleno de puré de maíz y melaza, Kit se apoyó en la parte trasera del banco acercándose así al penetrante calor del fuego. Medio mareada, cansada y aliviada a la vez, observó el salón de la casa familiar. ¡Qué ambiente tan apacible y seguro, y los rayos de sol cayendo oblicuos sobre la ventana! La respiración regular de Mercy que provenía de la cama con dintel sonaba casi natural. El doctor Bulkeley había comentado que Judith ya podría levantarse esta mañana. Rachel había aceptado acostarse y hacer una pequeña siesta siempre y cuando la avisaran corriendo si Mercy se despertaba. Matthew se disponía a proseguir su trabajo.

Al observar cómo se calzaba sus pesadas botas, Kit se percató de que no podía dejarle partir sin antes hablarle. Durante toda la noche, un pequeño y cálido recuerdo había estado bordeando sus pensamientos mezclado con el horror de la persecución y de las largas y frías horas de espera. En la franja arenosa le había invadido aquel impulso que la retuvo cuando Nat le ofreció la oportunidad de escapar. Tenía que asegurarse de que aquel recuerdo era únicamente suyo. Se levantó temblorosa y se dirigió hacia su tío.

—Tío Matthew —dijo con voz suave—. Ayer oí lo que dijiste a aquella gente y quiero darte las gracias por ello.

—No tiene importancia —contestó él bruscamente.

—Pero, es importante —insistió ella—. No he sido más que un problema para vosotros desde que llegué y no me merezco que respondáis por mí.

Su tío la observó por debajo de sus pobladas cejas.

—Es cierto que no te recibí muy bien en mi casa —dijo finalmente—. Pero esta última semana me has demostrado que estaba equivocado. No has ahorrado en esfuerzo, Katherine. Nuestra propia hija no podía haber hecho más que tú.

De repente, Kit deseó con todas sus fuerzas no haber decepcionado nunca a aquel hombre. Le hubiera gustado poder ponerse frente a él con la conciencia limpia. Se avergonzaba de todas las ocasiones —más de las que ella misma podía contar— en que había desaparecido sin haber finalizado sus tareas.

Un día, cuando esté segura de que Hannah está a salvo, se lo contaré todo. Y desde este momento realizaré la parte correspondiente de mi trabajo de cabo a rabo. Ni siquiera me siento nada cansada.

Ayudó a Judith a vestirse y le acercó una silla para que se sentara junto a la soleada ventana. Sacó un gran cubo de agua del pozo y puso agua a hervir para lavar. Barrió la sucia arena y esparció una limpia capa formando un dibujo sobre el suelo. Removió la pasta del pastel de maíz para la comida del mediodía. Hannah estaba a salvo y Mercy no tardaría en ponerse bien. Con eso era suficiente y, si además trabajaba duro, podría liberarse de aquel extraño sentimiento de vacío, de aquella tristeza obsesiva fruto de un maravilloso secreto que se había desvanecido para siempre.

Matthew regresó para la comida del mediodía. Kit introdujo la pala de acero en el horno y extrajo el pastel de maíz, hinchado, dorado y crujiente por los bordes. Judith dijo que su olor la hacía sentir apetito por primera vez. Mercy se levantó y pidió un vaso de agua con un tono de voz natural y en la pálida cara de Rachel surgió una sonrisa.

Esta vez no se alarmaron al oír la llamada en la puerta. Matthew se dirigió a la entrada mientras los demás permanecieron sentados a la mesa tranquilamente. Oyeron unas botas arrastrándose por el pasillo y seguidamente una voz de hombre.

—Tenemos que hablar de trabajo contigo, Matthew.

—Hay enfermos en esta casa —contestó.

—Esto no puede esperar. Debes llamar a tu mujer y a la jovencita de Barbados. Seremos tan breves como nos sea posible.

El hombre permaneció de pie un poco apartado dejando pasar a Rachel y a Kit a la sala de estar. Los visitantes eran cuatro: un diácono de la iglesia, el condestable del pueblo, el señor Goodman Cruff y su mujer. No parecían muy contentos esa mañana. Tenían un aspecto severo y decidido, y los ojos de la señora Cruff emitían un brillo de desprecio y de algo más que Kit no podía definir.

—Ya sé que no te dedicas a la brujería —comenzó a decir el condestable—, pero hemos encontrado pruebas de algo que posiblemente os haga cambiar de opinión.

—¿Habéis arrestado a la bruja? —preguntó Matthew impaciente.

—No. El pueblo ya se ha desembarazado de esta mujer para siempre.

—¿Qué habéis hecho? —preguntó Matthew mirándole alarmado.

—Nada de lo que temes. No hemos puesto una mano encima de esa mujer. Se escurrió sin dejar rastro.

—¡Y sabemos cómo lo hizo! —saltó la señora Cruff. Kit notó cómo una ola de terror empezaba a provocarle mareos.

El diácono, molesto, dirigió una mirada a la señora Cruff.

—No acabo de estar del todo de acuerdo con ellos —dijo—, pero debo admitir que este asunto tiene un aspecto un tanto extraño. Hemos registrado a fondo todo el pueblo esta mañana desde el amanecer. No hay ni rastro de ella. No entendemos ni sabemos hasta dónde puede haber llegado.

—¡Ya lo creo que lo sabemos! ¡Nunca la encontrarán! —interrumpió la señora Goddwife Cruff—. No sirve de nada hacerme callar, Adam Cruff. ¡Diles lo que vimos!

Su marido carraspeó.

—Yo no lo vi con mis propios ojos —dijo disculpándose—, pero algunos vieron al gran gato amarillo de la mujer salir corriendo de la casa. Un par de leñadores dispararon. Pero los que apuntaron mejor afirman que llevaba un ratón enorme en la boca, que no lo soltaba ni a tiros, ni siquiera cuando las balas le perseguían.

Su mujer soltó un suspiro de desaprobación.

—¡*Aquel ratón era Hannah Tupper!* Ésta no es la primera vez que se transforma en una criatura extraña. Dicen que cuando hay luna llena...

—Un momento, Matthew —advirtió el condestable a Matthew al observar su gesto despectivo—, no lo puedes negar. Pasan cosas que es mejor no observar desde muy cerca. La mujer ha desaparecido, y ha sido una buena liberación.

—¡Ha ido directamente a reunirse con Satán! —dijo la señora Cruff— ¡Pero ha dejado a otra persona que continúe con su trabajo!

Kit estuvo a punto de soltar una carcajada, pero la mirada de la señora Cruff la detuvo. Los ojos de aquella mujer estaban clavados en el rostro de Kit con una sutil expresión de triunfo.

—Cuando registraron el lugar encontraron pruebas. Yo de ti echaría un vistazo a esto, Matthew —el condestable sacó un objeto reluciente de su bolsillo. Era un librito de fundas plateadas.

—¿Qué es esto? —preguntó Matthew.

—Parece un cuaderno de abecedario o algo similar.

—¿Alguien ha visto alguna vez un cuaderno como éste? —preguntó el señor Cruff—. Ésta es la auténtica escritura del diablo.

—Además contiene la Oración del Señor —le recordó el condestable—. Observa las letras escritas en el asa, Matthew.

Matthew cogió el objeto con sus manos un poco a regañadientes y le dio la vuelta.

—Pregúntale a *ella* de dónde ha salido —intervino la señora Cruff que no podía quedarse callada.

Se oyó un fuerte grito de sorpresa que emitió Rachel. Matthew levantó la vista del libro y la dirigió hacia el pálido rostro de su sobrina.

—¿Puede ser esto tuyo, Katherine? —preguntó.

Los labios de Katherine estaban tensos.

—Sí, señor —dijo con aire de debilidad.

—¿Sabías que lo habías perdido? ¿Alguien te lo robó?

—No señor. Sabía que estaba allí. Yo... yo misma lo llevé allí.

—¿Por qué?

Kit miró los rostros ceñudos uno por uno. Todos esperaban su respuesta. ¿Sabían lo de Prudence? Si no era así, debería ir con mucho cuidado.

—Era... era como un regalo —dijo torpemente.

—¿Un regalo para la viuda?

—No exactamente...

—¿Quieres decir que ella tenía una especie de poder sobre ti... algo parecido al chantaje?

—¡Oh, no! ¡Hannah era amiga mía! Lo siento, tío Matthew, tenía la intención de contártelo, de verdad la tenía, tan pronto como se me hubiera presentado la oportunidad. Solía ir a verla de camino de regreso por las praderas. A veces le llevaba cosas, cosas mías, me refiero.

¡Pobre Rachel, la tarta de manzana le debe estar remordiendo la conciencia!

—No lo comprendo, Katherine. Te lo prohibí, lo entendiste perfectamente, te prohibí volver a casa de aquella mujer.

—Lo sé. Pero Hannah me necesitaba y yo también a ella. No era una bruja, tío Matthew. Si tan sólo la hubieras conocido...

Matthew miró de nuevo al condestable.

—Estoy decepcionado —dijo con dignidad—, por no haber sido capaz de controlar lo que ocurre en mi propia casa. Pero esta muchacha es joven e ignorante. Me culpo a mí mismo de negligencia.

—No te culpes, Matthew —dijo el condestable levantándose—. Lo siento, ya se que tu hija está enferma, pero hemos de arrestar a esta chica.

—¡Oh, no! —estalló Rachel—. ¡No puedes dejarles hacer esto, Matthew!

—¿Desde cuándo —preguntó Matthew con unos ojos brillantes y chispeantes— se encierra a una niña por desobediente? Éste es un problema que tengo que resolver yo.

—No es por desobediencia. A esta niña se le acusa de brujería.

—¡Esto es ridículo! —estalló Matthew.

—Cuidado con lo que dice, señor. Esta niña ha confesado ser amiga de la bruja. Y hay quejas en contra de ella, expuestas de acuerdo con la ley y firmadas.

—¿Quién se ha atrevido a firmar tales acusaciones?

—¡Yo mismo! —gritó el señor Cruff—. ¡Esta niña ha echado mal de ojo a la mitad de los niños de este pueblo, y yo mismo veré cómo la llevan a juicio aunque sea la última cosa que haga en esta vida!

El aspecto de Matthew era de derrota.

—¿A dónde pretenden llevarla? —preguntó.

—La barraca de la parte trasera de mi casa será un buen lugar. No existe ninguna cárcel en buenas condiciones cerca de Harford, y ya he perdido casi un día entero de trabajo con este asunto.

—Espere un momento. ¿Cuánto tiempo tienen pensado retenerla?

—Hasta el juicio. Cuando mañana regrese Sam Talcott seguro que examina su caso con el resto de los ministros presentes. Así lo hicieron con Goody Harrison y la mujer de Johnson. Hace veinte años que no aparecía un caso de brujería por esta región. Cuente con que habrá un juicio en Hartford.

—¿Y si le doy mi palabra de que hasta que llegue el capitán Talcott la mantendré encerrada arriba en su habitación?

—¿De qué nos sirve su palabra? —protestó la señora Cruff—. ¿Acaso sabía él dónde se encontraba la chica estos meses anteriores?

Esta mujer quiere verme en la cárcel, pensó Kit. Se quedó paralizada por el odio que reflejaban los ojos de aquella mujer.

—Yo me fío de su palabra —observó el condestable—. Pero hay algunos que no se fían. Ayer por la noche parecía que se volvían locos. Una muerte más en este pueblo y no seré yo el responsable de lo que pueda ocurrir. La niña estará a salvo conmigo, se lo garantizo.

Rachel dio un paso adelante pero Matthew la detuvo.

—Coge su abrigo —le ordenó.

Permanecieron de pie en el pasillo en silencio mientras Rachel subía las escaleras, llorando y volvía con su capa de lana.

—La tuya está húmeda —le dijo con voz trémula—. No te la quites de encima, es probable que haga frío en ese lugar.

Los Cruff andaban tras ellos por la calle mayor, en dirección a Carpenter hasta llegar a la casa del condestable y en donde permanecieron de pie hasta que vieron a Kit a salvo en la cabaña y escucharon con sus propios oídos cómo se cerraba el pesado cerrojo del otro lado de la puerta.

La barraca estaba completamente vacía excepto de un cúmulo de paja que se hallaba concentrado en una esquina del suelo sucio. No había ni una ventana, pero los maderos burdos agrietados dejaban entrar resquicios de luz al igual que corrientes de aire helado del mes de noviembre. Kit se apoyó sobre la madera de la puerta y las lágrimas empezaron a deslizarse por sus mejillas.

Hacia el final de la tarde, cuando gran parte de la cabaña estaba ya en la penumbra, Kit oyó unos pasos, seguidos del ruido del pesado cerrojo y finalmente la cara del condestable asomó por detrás de la puerta.

—He traído un poco de cena —dijo refunfuñando—, y mi mujer te envía esto. —Le dio un pesado edredón, que parecía sucio aún con la poca luz que había en la habitación, pero fue un gesto amable a pesar de todo.

—Nunca habíamos tenido a una niña aquí dentro —dijo un poco

molesto—. Es curioso, nunca te tomé por bruja. Pero jamás se puede decir...

—Por favor —se aventuró a decir Kit—, las otras mujeres de las que ha hablado antes, Goody Harrison y la otra, ¿qué fue de ellas?

—Goody Harrison fue desterrada de la colonia. A Goody Johnson la colgaron. —Pero, al ver cómo palidecía de horror la cara de Kit, creyó oportuno añadir consolándola:

—No creo que sean tan duros contigo. Eres muy joven y es tu primera ofensa. Como mucho te marcarán, o te cortarán una oreja —acabó diciendo mientras salía dando un portazo.

Hubiera lo que hubiese en aquel recipiente de madera, no tenía estómago para probarlo siquiera. Había comenzado a temblar otra vez y el edredón no le abrigaba lo suficiente. Nunca antes había experimentado esa sensación de estar encerrada con pestillo detrás de una puerta. Todo lo que podía hacer era resistir la tentación de aporrear la puerta y gritar.

Si se ponía a llorar, ¿quién la oiría? ¿Quién había allí que pudiera ayudarla? Quizá John Holbrook. A su manera él tenía fuerza y una especial convicción. Quizá hubieran escuchado a John. Pero John estaba por ahí lejos, en el desierto de Massachusetts. ¿Nat Eaton? Éste se hallaba navegando por el río y además lo habían desterrado. ¿William? ¡Ah, claro! William podía ayudarla. ¿Por qué no se habría acordado de él en el primer momento? Cualquier cosa que dijera William sería de peso en este pueblo. Su posición y su carácter no se cuestionaban. ¿Podría por un momento el magistrado no poner en duda la palabra de Cruff contra la de un hombre como William?

Este pensamiento la ayudó a calmarse. Se imaginó a William viniendo a defenderla, seguro, imperturbable, con aquel par de hombros consistentes como una fortaleza entre ella y la cara rabiosa del señor Cruff. ¡Querido y fiel William! Quizá vendría esa misma noche. Kit inspiró profundamente y, sentada en el suelo, con las rodillas apretadas contra su pecho, se dispuso a esperar a William.

Fue Rachel la que finalmente apareció en lugar de William. Ya mucho rato después de que oscureciera, Kit oyó un susurro fuera de la cabaña, tan quedo y débil que al principio pensó que era fruto de su imaginación.

—¡Kit! ¿Puedes oírme? ¿Estás bien?

—¡Sí! ¡Oh, tía Rachel, no debías haber dejado la casa!

—Tenía que saber cómo estabas. Estaba segura de que desearías saber que el doctor Bulkeley afirma que la fiebre de Mercy casi ha desaparecido por completo.

—Me alegro mucho. Yo quería haber ayudado más, y ahora te he dejado todo el trabajo para ti. ¡Oh, tía Rachel! ¿Podrás perdonarme algún día?

—Cállate, pequeña. Es a mí a quien no puedo perdonar. Pensar que siempre he sabido que ibas a ese lugar y nunca dije nada.

—Hubiera seguido yendo igualmente. Pero nunca me imaginé que os iba a hacer pasar por todo esto. Tía Rachel... ¿qué les hacen a las brujas?

Se oyó un pequeño ruido por detrás de las maderas.

—Nada, pequeña —susurró Rachel—. No te harán nada. Ya pensaremos algo. —Pero no contestó lo suficientemente rápido como para que un pequeño suspiro respondiera a la pregunta de Kit antes de las propias palabras—. El interrogatorio será por la mañana. ¡Sé valiente, querida! Pero tienes que ayudarnos, Kit. Si hay algo que no nos has dicho, algo que estás ocultando, tienes que revelarlo.

¡Cuánta valentía debe haber necesitado Rachel para calmar la furia de su marido, y además para enfrentarse a la oscuridad y al horror de esta cabaña convertida en cárcel!

—Me gustaría poder traerte algo de comida. Kit, ¿tienes mucho miedo, querida?

—Ahora no —mintió—. No ahora que has venido. Gracias, tía Rachel.

Animada por la visita de su tía, Kit pudo enfrentarse a la mañana siguiente con menos pánico. Se sentó y se impuso la tarea de enumerar las posibilidades que tenía a su favor. No podía imaginarse que tuvieran muchas pruebas en contra de ella. Pero por lo visto no eran necesarias demasiadas pruebas para levantar sospechas en aquella gente. ¿Qué daño les había hecho la pobre Hannah? La señora Cruff sintió odio hacia Kit desde el primer día que la vio en el *Delfín* y ahora no iba a descansar hasta que cumpliera su venganza. Nadie en todo el pueblo iba a defender a una chica desobediente. Si hubiera hecho caso de su impulso aquella mañana y le hubiera contado toda la historia a tío Matthew... Quizá él tampoco hubiera podido hacer nada. Ahora ella se había dado cuenta de que había mermado su autoridad delante de todos pasando por alto sus órdenes.

¿Y si descubren que Prudence también ha desobedecido? No podía ni pensarlo. Era complementamente responsable de los actos de Prudence, admitió Kit con dolor en el corazón. ¿Quién había engatusado a la pequeña con promesas, y a quién se le había ocurrido encontrar un escondite bajo el sauce llorón y la había persuadido —aunque no en contra de su voluntad— para presentarle a Hannah? ¡Oh! ¿Cómo no se dio cuenta de lo que estaba haciendo? ¿Cómo había podido ser tan malvada? ¿Qué importancia tenía el que Prudence aprendiera o no a leer, si estaba medio muerta de hambre, y a veces apalizada y cargada de trabajo?

¡Si lo que quería era dejar de cumplir con mi trabajo, refunfuñaba Kit con remordimientos, hubiera podido ir a los campos de los Cruff a ayudar a la pobre pequeña!

A pesar de todo, ¡qué maravillosa había sido la última tarde en la choza! Apoyando su frente sobre sus rodillas, Kit podía casi sentir como si estuviera allí de nuevo. Podía oír el crepitar de las llamas del fuego, el borboteo del guisado de la olla, el rasgar de la pluma de Prudence, el crujir de la silla de Hannah y el ronroneo perezoso de la gata amarilla. Podía incluso ver el resplandor del fuego aunque no podía sentir su calor. Era como mirar el interior de una casa desde la ventana, desde el frío del exterior, a una habitación prohibida en la que jamás podría entrar.

La noche anterior en la franja de arena no había dormido nada. Ahora, acurrucada dentro del harapiento edredón, se fue sumergiendo, muy a pesar suyo, en un remolino negro de sopor en el que los fantasmas de las pesadillas revoloteaban sin pausa, cada vez más cerca de ella, llevándola hacia un horror desconocido.

Capítulo 19

El sol se filtraba por las ranuras de las paredes del cobertizo cuando Kit oyó cómo se deslizaba el pesado cerrojo y se abría la puerta. Esta vez se trataba de la esposa del condestable provista de un tajador de madera con una masa encima. A pesar de lo sospechosa que parecía aquella pasta, de ella emanaba un vaho casi imperceptible que calentaba la helada atmósfera. Kit se sintió obligada a comer unas cuantas cucharadas mientras la mujer permanecía de pie, con las manos en las caderas, mirándola.

—Supongo que estarás congelada —le dijo—. Para serte sincera me he pasado media noche en vela pensando en cómo estarías aquí. Esto está bien para ladrones y borrachos, ya se lo digo a mi marido, pero no es un lugar para una mujer, bruja o no. Yo he visto a la niña en la iglesia, le digo, sentada decentemente como todo el mundo, y no es lógico que sea una bruja. Hay gente en este pueblo que está siempre dispuesta a causar problemas.

Kit la miró con expresión agradecida.

—Ha sido muy amable al traerme el edredón —dijo—. ¿Cuánto tiempo cree que me retendrán aquí?

—Mi marido tiene órdenes de trasladarte a la Alcaldía dentro de una hora.

¡Qué rápido! Kit dejó la cuchara, y, todavía con el estómago vacío, dijo:

—¿Y qué pasará allí?

—Los jueces de instrucción y los ministros examinarán tu caso. Si piensan que eres culpable te enviarán a Hartford para esperar el juicio. De cualquier manera, nosotros ya no seremos responsables de ti. A mi marido y a mí no nos gusta nada este trabajo. Cuando se le acabe el período de mandato seremos felices.

Kit dejó el tajador en el suelo con un gesto desalentador.

—¡Pero no puedo ir así! ¡He estado sentada en la suciedad toda la noche!

La expresión de su rostro al mirar a la mujer reflejaba mucha más pena de la que ella misma se imaginaba, llena de barro y lágrimas.

—Desde luego no da ningún gozo mirarte —admitió la mujer—. Si te tomaran por una bruja, con este aspecto, no podría culparles. Espera un minuto.

Salió tras asegurarse de haber cerrado la puerta con el cerrojo y regresó en seguida con un barreño lleno de agua y un burdo peine de madera. Kit, muy agradecida, hizo lo posible para adquirir un aspecto respetable. El vestido, sucio y deshilachado, no tenía arreglo.

Fue necesaria la ayuda del condestable y de dos robustos miembros de la vigilancia para conducir a la tímida bruja por el camino de Carpenter arriba, recorrer la calle ancha hasta la colina Hungry y por fin dirigirse hacia la Alcaldía. Cuando ella entró, el pequeño edificio ya estaba lleno de gente. Los bancos y las sillas que se apoyaban contra las altas paredes estaban atestados por hombres del pueblo, y aquí y allí unas mujeres con rostros perspicaces como el de la señora Cruff. La mesa del fondo de la sala estaba presidida por el capitán Samuel Talcott, juez de Wethersfield y del Tribunal Supremo de Connecticut, y le acompañaba un grupo de hombres que Kit conocía como los hombres electos del pueblo. Su tío estaba sentado entre ellos, los labios apretados y las cejas fruncidas con una expresión ceñuda. ¡Qué angustia debe estar pasando!, pensó Kit apenada, ¡tener que sentarse aquí y juzgar a un miembro de su propia familia! El extremo opuesto de la mesa lo ocupaban dos ministros, el reverendo John Woodbridge y el doctor Gershom Bulkeley, ambos famosos por sus despiadados sermones en contra de la brujería. El corazón de Kit se resquebrajó. No había nadie, absolutamente nadie en toda la sala, excepto su tío, que estuviera dispuesto a declarar en su favor. William no se había presentado.

El capitán Talcott golpeó la mesa y se hizo silencio en toda la sala.

160

—Queridos camaradas, en un instante comenzará el proceso. Estamos aquí para examinar el caso de la señorita Katherine Tyler, procedente de Babados, acusada de ejercer prácticas de brujería según diversos testigos. Requerimos las declaraciones de la señorita Tyler.

Impulsada por un codazo del condestable, Kit se puso de pie y, vacilante, se dispuso a cruzar la sala hasta el lado opuesto, donde permaneció erguida frente a la mesa del juez.

—Éstas son las acusaciones por las que se la juzga.

Un devoto secretario con un pergamino en las manos, comenzó a leer la sentencia dando el peso pertinente a cada horrible palabra que pronunciaba:

«Katherine Tyler, aquí se la acusa de no ser mujer temerosa de Dios y haber estado familiarizada con Satán, el mayor enemigo de Dios y del hombre, y que instigada y ayudada por él, ha perjudicado y dañado a los cuerpos y almas de diversos súbditos de Su Majestad, en el tercer año de su reinado, por lo que según la ley de Dios y la ley de la Colonia, merece usted la muerte.»

Se oían murmullos por los bancos. Las manos de Kit estaban congeladas, pero sus ojos permanecían fijos en el rostro del juez.

«Señorita Tyler, Adam Cruff la acusa por las siguientes acciones. En primer lugar, por ser amiga y compañera de la viuda Hannah Tupper del estanque del Mirlo, presunta bruja que en el período de tiempo de la semana pasada desapareció de manera sospechosa. Tal amistad es una prueba fehaciente de su culpabilidad, de la misma forma que es sabido que la brujería es un arte que se aprende y se transmite de una persona a otra, y que por lo tanto resulta muy a menudo que una bruja, antes de su muerte, disponga de un heredero de sus ejercicios de brujería. En segundo lugar, se la acusa de cometer acciones y ejercer prácticas que incumben al diablo y que han causado enfermedades y muertes a muchos niños inocentes que habitan en este pueblo.»

El secretario se sentó. El capitán Talcott miró de reojo a la chica. Era casi evidente que le disgustaba la tarea que ejercía pero su severo semblante militar no se dulcificó.

—Señorita Tyler —dijo—, ya ha podido oír las razones por las que se le acusa. Procederemos con la primera acusación. ¿Es cierto que era usted amiga y compañera de la viuda Tupper?

Por un momento, Kit temía haberse quedado sin voz.

—Sí, señor —consiguió decir temblorosa.

—¿Es cierto que usted ha entrado en su casa este verano en varias ocasiones?

—Sí, señor.

—¿Es cierto que también tenía usted cierta relación con un gato al cual la viuda trataba como a un espíritu familiar?

—Era... era un gato normal y corriente, como cualquier gato, señor.

—Su respuesta ha de ser sí o no. ¿Es cierto que usted ha participado en varios hechizos con el objetivo directo de causar daño a ciertas personas?

—¡Oh, no, señor! No sé a lo que se refiere con hechizos.

—¿Niega usted que un día del pasado mes de agosto, atravesando los pastos del señor Goodman Whittlesley, echó mal de ojo a su ganado para que no se moviera del suelo y se negara a responder a las llamadas y a dar leche aquella tarde?

—Yo... no entiendo nada, señor. ¿Cómo podría hacer yo una cosa así?

—Señor Goodman Whittlesley, ¿podría repetir por favor su acusación en esta asamblea?

Kit, con la cabeza dándole vueltas, se quedó atónita a medida que uno tras otro iban declarando y emitiendo acusaciones, hombres y mujeres que ella casi no reconocía. La evidencia se puso en contra de ella envolviéndola como una ola oscura.

El hijo de un hombre se había pasado la noche gritando porque alguien le clavaba agujas por todas partes. Otro chiquillo afirmaba haber visto una negruzca criatura con cuernos a los pies de su cama. Una mujer que habitaba en la carretera del sur testificó que una mañana Kit se detuvo para hablar con su hijo y que a los diez minutos el pequeño comenzó una pataleta hasta caer enfermo durante cinco días. Otra mujer dio fe de que una tarde de septiembre, estando ella sentada junto a la repisa de la ventana de su casa cosiendo una chaqueta de su marido, vio como Kit pasaba por delante de su casa mirando hacia la ventana de una manera poco usual. Desde aquel momento, por mucho que lo intentara, la manga nunca pudo adherirse a la chaqueta. Un hombre juró que vio cómo Kit y Goody Tupper bailaban alrededor de una hoguera en el prado a la luz de la luna y que un hombre negro y gigante, más alto que un indio, surgía de repente de la nada y se ponía a bailar con ellas.

Matthew Wood se levantó de un salto.

—¡Protesto contra esta burla! —gruñó acallando hasta el último susurro—. Ni una palabra de todas estas tonterías puede probarse ante el Tribunal. ¡No hay ni un ápice de pruebas legales en todo lo que se ha dicho! Se lo ruego, Sam Talcott, ¡ponga fin a todo esto!

—¿Debo deducir que su intención, Matthew Wood, es la de responder por la personalidad bondadosa de su sobrina?

—Por supuesto. Yo respondo de ello.

—¿Nos está dando a entender que las visitas de su sobrina a la viuda Tupper se realizaron bajo su consentimiento?

Un poco retraído, Matthew Wood dirigió una mirada airada hacia el magistrado.

—No, no tenía conocimiento de ello —confesó.

—¿Ha advertido a su sobrina, en alguna ocasión, que no se relacionara con esta mujer?

—Sí. Le prohibí que la visitara.

—Entonces esta chica ha desobedecido y además ha cometido un acto fraudelento.

Matthew Wood apretó sus puños con rabia.

—La niña ha actuado sin reflexionar y con terquedad. Hay que añadir que su educación le ha conducido a obrar así.

—¿Acepta por consiguiente que su educación no ha sido la correcta?

—Puede tergiversar todo lo que quiera mis afirmaciones, Sam Talcott —dijo Matthew enojado e inflexible—, pero puedo jurar ante todos los presentes, dando mi palabra de hombre libre de la colonia, que la niña no es una bruja.

—Estamos obligados a escuchar a los testigos, Matthew —dijo el capitán Talcott con comedimiento—. Le agradeceré que permanezca en silencio. ¿Cuál es su opinión sobre este caso, doctor Burkeley?

El doctor Burkeley se aclaró la garganta.

—A mi parecer —dijo decididamente—, es necesario actuar con la máxima prudencia posible en lo que se refiere a la cuestión de los testimonios. Puesto que todos los acontecimientos anormales citados hasta el momento parecen apoyarse en cada caso según la palabra de un único testigo, la legalidad de cada uno de ellos queda puesta en cuestión.

—Es ridículo hablar de legalidad —interrumpió Matthew—. ¡Aquí no se ha dicho ni una sola palabra que tenga el más mínimo sentido!

La señora Cruff no había dejado de provocar a su marido exaltadamente, tras lo cual, muy obediente, se levantó de la silla.

—Señor, poseo las pruebas para darle sentido a todo esto —declaró en tono valiente—, y hay más de un testigo que puede demostrarlo. Las pruebas están aquí de la misma manera en que se encontraban en casa de la viuda aquella noche.

Con el corazón roto, Kit observó cómo el hombre extraía un objeto de su bolsillo. No era el cuadernillo tal y como esperaba. Era el librito de caligrafía. Al verlo, la señora Cruff explotó de rabia sin represión alguna.

—¡Mirad esto! —rogó gritando—. ¿Qué tienen qué decir al respecto? El nombre de mi pequeña Prudence escrito por todas partes. ¡Un mal augurio, esto es lo que es! Gracias a que la niña todavía está con vida. ¡Una hora más y se estaría muriendo como los demás!

El magistrado tomó el librito a ragañadientes, como si estuviera contaminado.

—¿Reconoce este librito, señorita Tyler?

Kit apenas se aguantaba de pie. Intentó responder pero sólo un ronco susurro surgió de su garganta.

—¡Señorita, hable más alto! —ordenó duramente—. ¿Le pertenece este librito?

—Sí, señor —consiguió decir.

—¿Escribió usted este nombre?

Kit casi no podía ni tragar saliva. ¡Se había prometido a sí misma que no volvería a decepcionar a su tío otra vez! Luego, haciendo memoria, volvió a mirar el librito. Sí, el nombre de la primera línea lo había escrito ella misma, bien claro y grande para que Prudence lo copiara.

—Sí, señor —dijo, subiendo el tono de voz con cierto alivio—. Yo he escrito este nombre.

Matthew Wood se llevó una mano a los ojos. Su aspecto estaba avejentado, parecía enfermo y cansado como aquel día en que yacía al lado de la cama de Mercy.

—¿Por qué razón ha escrito tantas veces el nombre de la niña?

—Yo... yo no puedo decírselo, señor.

El capitán Talcott estaba atónito.

—Aquí no hay otros nombres —dijo—. ¿Por qué ha escogido el nombre de Prudence Cruff?

Kit seguía callada.

—Señorita Tyler —le dijo el magistrado de una forma más directa—, hasta ahora había considerado la investigación de esta mañana como una simple formalidad. No esperaba encontrar pruebas válidas para mostrarlas ante un tribunal. Pero se trata de un asunto muy serio. Usted debe explicarnos por qué está el nombre de esta niña aquí escrito.

Mientras Kit le observaba silenciosa, los murmullos del público contenidos con tensión empezaron a surgir. Hombres y mujeres se levantaron de un salto gritando.

—¡No responderá! ¡Esto demuestra que es culpable!

—¡Es una bruja! ¡Es tan evidente como lo que se nos muestra!

—¡No es necesario un tribunal! ¡Llevarla directamente a realizar la prueba del agua!

—¡Colgarla no sería suficiente para ella!

En mitad del jaleo, Gershom Bulkeley alcanzó el librito, lo observó detenidamente y echó una ojeada perspicaz e intencionada hacia Kit. Luego susurró algo al oído del magistrado. El capitán Talcott negó con la cabeza.

—¡Silencio! —gritó— ¡Ésta es la colonia de Connecticut! Todo hombre y mujer tiene derecho a un juicio ante el tribunal. El caso pasará a una Sesión General en Hartford. El caso queda desestimado.

—¡Espere un momento, capitán! —dijo una voz. El alboroto que surgía de la puerta de entrada había pasado desapercibido—. Aquí hay alguien que afirma que existe otro testigo para este caso.

Las voces dejaron de oírse. Paralizada de terror, Kit se volvió para ver la cara del nuevo acusador. Bajo el umbral de la puerta Nat Eaton estaba de pie, esbelto, con los hombros rectos y sin el más mínimo ápice de burla en sus azules ojos.

¡Nat! La ola de alegría y de alivio fue tan inesperada que Kit casi perdió el equilibrio, pero ésta desapareció casi en un instante y el temor le invadió de nuevo, puesto que, al lado de Nat, agarrada con firmeza de su mano, se encontraba Prudence Cruff.

La señora Goodwife Cruff soltó un grito penetrante.

—¡Sacadla de aquí! ¡La bruja le va a echar mal de ojo! —Su marido y ella empezaron a adelantarse.

—¡Quedaos atrás! —ordenó el magistrado—. La niña está a salvo aquí. ¿Dónde está el testigo?

Nat puso sus manos sobre los hombros de la niña y la dirigió amablemente hacia adelante. Prudence, tras una mirada de confianza al rostro de Nat, se encaminó firmemente hacia la mesa del magistrado.

De repente Kit oyó su propia voz.

—¡Por favor, señor! —gritaba con la cara bañada en lágrimas—. ¡Deje que se la lleven de aquí! ¡Es todo culpa mía! ¡Haría cualquier cosa para rehacer todo de nuevo! Nunca quise dañar a nadie, pero soy responsable de todo ello. Por favor... llevadme a Hartford. Haced conmigo lo que queráis. Pero... ¡oh, se lo ruego!... ¡sacad a Prudence de este horrible lugar!

El magistrado esperó a que esta explosión llegara a su fin.

—Ahora ya es un poco tarde para pensar en la pequeña —dijo fríamente—. Ven aquí, chiquilla.

Kit se desplomó sobre sus rodillas tapándose la cara con las manos. El murmullo en la sala resonaba como un enjambre de abejas alrededor de su cabeza. De golpe, se hizo un silencio de suspenso. Era casi imposible para ella mirar a Prudence pero hizo un esfuerzo para levantar la cabeza. La pequeña iba descalza y llevaba su cabello enmarañado al descubierto. Sus finos brazos, medio cubiertos por un austero jersey, tenían un color azulado de frío. Kit la miró de nuevo. Había algo extraño en Prudence.

—Puedes quedarte ahí de pie, pequeña, frente a la mesa —dijo el capitán Talcott con tono tranquilo.

Mientras Kit observaba a Prudence, sintió un extraño hormigueo por toda la columna vertebral. *Había* algo diferente en ella sin duda. La cabeza de la pequeña estaba erguida. Sus ojos permanecían fijos a la altura del magistrado. ¡Prudence no tenía miedo!

—Te haremos unas preguntas, Prudence —dijo el magistrado con voz suave—. Las contestarás con toda la sinceridad posible. ¿Entiendes?

—Sí, señor —susurró Prudence.

—¿Conoces a esta chica?

—¡Desde luego, señor! Es mi profesora. Me enseñó a leer.

—¿Quieres decir que lo hizo en la escuela?

—No, yo nunca fui a la escuela.

—Entonces, ¿dónde te enseñó a leer?

—En casa de Hannah, en las praderas.

Un potente grito de la señora Goodwife resonó por toda la sala.

—¿Te refieres a que la señorita Tyler te llevó a casa de la viuda Hannah Tupper?

—La primera vez me llevó ella. Pero después iba yo sola.

—¡Menudo bicho! —gritó la señora Cruff—. Ahora entiendo dónde iba todos los días. ¡No pararé hasta que la culpable sea ahorcada!

Aquí se ha acabado todo, pensó Kit vapuleada por una ola de debilidad.

Bershom Bulkeley seguía sosteniendo el libro de caligrafía. Empezó a hablar en voz baja y pasó el libro al capitán Talcott.

—¿Habías visto este libro antes? —le preguntó el magistrado.

—¡Oh sí, señor! Me lo dio Kit. Yo escribí mi nombre en él.

—¡Esto es mentira! —gritó la señora Cruff—. ¡La pequeña está embrujada!

El capitán Talcott se giró para mirar a Kit.

—¿Es cierto que la pequeña escribió su nombre en este libro? —le preguntó.

—Es verdad. Yo lo escribí una vez y después ella lo copió —dijo en un tono apagado.

—Señor, usted no puede creer nada de lo que dice la pequeña —protestó el señor Goodman Cruff tímidamente—. La niña no sabe lo que está diciendo. Además debería añadir que Prudence no es una criatura muy brillante que digamos. No es capaz de aprender mucho.

El magistrado no le prestaba ninguna atención.

—¿Crees que podrías volver a escribir tu nombre?

—Creo... creo que sí, señor.

Empapó la plumilla con cuidado en el tintero y se la dio a la pequeña. Apoyada sobre la mesa, Prudence dirigió la pluma hacia el librito. Hubo un momento de silencio total en la sala durante el cual sólo se podía oír el vacilante rasgar de la plumilla sobre el papel.

El señor Goodman Cruff se puso de pie. Impulsado por un arranque de curiosidad más poderoso que cualquier temor ante el magistrado, empezó a recorrer lentamente la sala y asomó la cabeza por detrás del hombro de su hija.

—¿Acaso no es esto una escritura correcta? —manifestó incrédulo—. Aquí pone Prudence Cruff, tal y como debe ser.

El magistrado echó un vistazo a la escritura y entregó el librito a Gershom Bulkeley.

—Debo admitir que es una escritura perfectamente válida —comentó el doctor Bulkeley—, para ser de una niña que no ha ido a la escuela.

El magistrado se inclinó para coger la pluma de los dedos de la pequeña. El señor Goodman Cruff retrocedió de puntillas hacia su banco olvidando su fanfarronería. Tenía aspecto de estar aturdido.

—Ahora, Prudence —continuó el magistrado—, ¿has dicho que la señorita Tyler te enseñó a leer?

—¿Qué clase de libros? —saltó la señor Goodwife Cruff en un tono histérico—. ¡Símbolos de magia y maleficios, seguro! Mi pequeña no puede saber la diferencia existente entre un tipo de lectura y otro.

Gershom Bulkeley se levantó súbitamente.

—Sea lo que sea, algo fácil de demostrar —sugirió razonablemente—. ¿Qué puedes leernos, pequeña?

—Puedo leer la Biblia.

El doctor Bulkeley cogió la Biblia de encima de la mesa y empezó a pasar páginas con aire pensativo. Después, acercándose a Prudence para entregárselo, se dio cuenta de que el libro era demasiado pesado para que ésta pudiera sostenerlo y lo colocó con cuidado sobre la mesa que estaba al lado de la niña.

—Léenos esto, pequeña, empieza aquí.

Kit aguantó la respiración. Aquel tictac que sonaba de forma tan angustiosa, ¿procedía del inmenso reloj allí colgado o de su propio corazón?

Luego surgió un susurro que invadió el silencio.

«*Compra la verdad, y no la vendas;*
también la sa-sabiduría, y la en-en-enseñanza, y la
comprensión.»

La vocecita de niña fue ganando fuerza y claridad hasta llegar a todos los rincones de la sala.

«*El padre de la jus-justicia debe alegrarse enormemente; y aquel que procree un niño deseado debe disfrutar de él. El padre y la madre deben estar contentos y ella, quien lo geste, debe ser feliz.*»

Movida por la oleada de calor, orgullo y seguridad que invadía a

Prudence, Kit se olvidó del miedo. Por primera vez, se atrevió a mirar atrás hacia Nat Eaton que estaba de pie junto a la puerta de entrada. Sus miradas, cruzando la sala de un extremo a otro, se encontraron y, de repente, Kit tuvo la sensación de que Nat había lanzado una cuerda hasta sus manos. Kit sintió cómo ésta se tensaba y percibió una fuerza cálida y consistente que se dirigía hacia ella como un mensaje deseado.

Cuando por fin apartó la vista se dio cuenta de que todos los ocupantes de la sala tenían los ojos fijos en los padres de Prudence. Ambos estaban inclinados hacia adelante, boquiabiertos y atónitos. A medida que la señora Goodwife Cruff escuchaba, su rostro iba adquiriendo color y sus ojos se hacían más pequeños. En aquel momento se dio cuenta de que había sido engañada. La furia renovada que ahora la invadía iba a recaer sobre la niña.

El rostro del padre denotaba una lucha por expresar un sentimiento nuevo. Cuando la vocecita dejó de oírse, la señora Cruff se tragó el aliento emitiendo un silbido venenoso. Pero antes de que pudiera recuperarse, su marido la interrumpió de repente.

—¿Habéis oído esto? —gritó pidiendo la aprobación de todos los presentes. De repente sus hombros se pusieron tensos—. Esto sí que es leer bien. ¡Me gustaría ver a algún niño de esta ciudad hacerlo mejor que ella!

—¡Es una trampa! —negó su mujer—. ¡Esta niña no ha leído ni una sola línea en su vida! ¡Oídme bien, está embrujada!

—Cuidado con lo que dices, mujer —gritó su marido sorprendiéndola—. Estoy cansado y harto de oír que Prudence está embrujada. Todos estos años has estado diciéndome que Prudence es medio tonta. Pues es más lista que el hambre. Me apuesto lo que quieras a que no han hecho falta muchos trucos para enseñarle a leer.

La mandíbula de la señora Cruff se desplomó. Por un momento se quedó completamente muda y fue entonces cuando su marido volvió a ocupar su sitio en el banco, al lado de ella. Su voz denotava un nuevo tono de autoridad.

—Toda mi vida he deseado saber leer. Si hubiera tenido un hijo, me hubiera ocupado de que aprendiera las letras. Bien, pues siendo éste un país nuevo, ¿quién dice que no sea justo y necesario para una mujer el aprender a leer como un hombre? Deberíamos darle opción a pensar en algo más que en brujas y tonterías. De todas formas, ahora ya tengo a alguien que pueda leerme la Biblia cada noche, y si éste es trabajo del diablo, entonces declaro que eso es trabajar en contra de sí mismo, ¡algo verdaderamente curioso para un diablo!

El magistrado no interrumpió el discurso en ningún momento. Se percibía una chispa de diversión en sus ojos cuando formuló sus preguntas.

—Entiendo entonces, señor Cruff, que retira sus acusaciones contra esta jovencita, ¿no es así?

—Sí —contestó en voz alta—. Sí. Retiro mis acusaciones.

—¡Adam Cruff! —irrumpió su mujer—. ¿Es que has perdido la cabeza? ¡La chica te ha embrujado también a ti!

En el fondo de la sala alguien soltó una risita disimulada. Resonó la carcajada de un hombre... ¿era la de Nat? De pronto la tensión que imperaba en la habitación se deshizo en carcajadas como el estallido de un trueno agitando las vigas y haciendo vibrar las ventanas. Cada hombre de aquella habitación aplaudía secretamente la declaración de independencia de Adam Cruff. Incluso los tensos labios del magistrado se torcieron ligeramente.

—Parece ser que no hay pruebas de brujería —declaró una vez que el orden se hubiera restaurado—. La chica ha admitido su error al alentar a la pequeña a desobedecer. Más allá de esto, no veo que haya ninguna acusación razonable contra ella. Declaro a la señorita Katherine Tyler libre e inocente.

Pero de pronto, la rabia de la señora Goodwife Cruff encontró otra salida.

—¡Ese hombre! —chilló—. ¿No es el marinero? ¿Aquel que fue expulsado del pueblo por prender fuego a las casas? ¡Le amenazaron con darle treinta azotes si volvía a poner los pies en este lugar!

En la sala se desató un murmullo general. El condestable miró al magistrado para recibir órdenes. El capitán Talcott dudó y luego encogió los hombros.

—¡Arrestadlo! —exclamó—. La sentencia todavía está en vigor.

—¡Oh, no! —rogó Kit alarmada—. No pueden arrestarlo, él sólo ha venido aquí para ayudarme.

Con una mirada perspicaz hacia su sobrina, Matthew Wood intercedió por ella.

—Es la verdad, Sam —consideró—. El joven ha arriesgado su piel para asegurarse de que se hiciera justicia. Sugiero que le perdonen la sentencia.

—Es una buena sugerencia —accedió el magistrado aliviado por haber encontrado una salida a este asunto. Pero Nat ya había desaparecido de la habitación y sus poco entusiasmados perseguidores notificaron que no había ni rastro de él.

—No lo encontrarán —susurró una voz al oído de Kit. Una manita cogió la suya—. Tiene un pequeño y ligero bote escondido en la orilla del río. Me dijo que si tenía que salir corriendo, te dijera adiós de su parte.

—¡Prudence! —dijo Kit sintiendo que le flaqueaban las piernas—. ¿Cómo... cómo ha ocurrido esto?

—Vino a buscarme esta mañana. Dijo que estaba preocupado por ti y volvió para investigar hasta que se enteró del juicio. Dijo también que yo era la única que podía salvarte y me prometió que se quedaría aquí para ayudarnos en todo momento.

—¡Oh! No sabes lo agradecida que os estoy a los dos —las lágrimas de Kit brotaron de nuevo—. ¡Estoy tan orgullosa de ti, Prudence! ¿Crees que no tendrás problemas?

—Todo irá bien —dijo el señor Goodman Cruff, que lo había oído todo cuando se disponía a recoger a su hija—. Ya es hora de que alguien se preocupe por ella y no tenga que escaparse más. El verano que viene la mandaré a su escuela como siempre he querido.

—Señora Goodwife Cruff —dijo el magistrado reclamando su presencia—. Le recuerdo que la pena por difamación es dura. Puede remontarse a una multa de treinta libras o a tres horas en el cepo. Además, la señorita Tyler está en el derecho de denunciarla.

—¡Oh, no! —irrumpió Kit.

Matthew Wood se acercó a Kit.

—Vamos a poner punto final a esto —dijo—. No tenemos ningún deseo de denunciarla. Con su permiso, capitán, me llevo a Katherine a casa.

Capítulo 20

El día en que cayó la primera nevada, Mercy se levantó de la cama. Judith se aventuró a salir afuera, no más allá del pozo y regresó con las mejillas enrojecidas, cubierta de diminutas motas blancas como plumas adheridas a su chal y a sus oscuros rizos.

—Está nevando —anunció.

—¡Nevando! —Mercy, con voz excitada, se enderezó con dificultad y se apoyó sobre su codo.

—¡Ven, quiero tocar la nieve, Judith!

Judith se acercó a la cama y estiró los brazos. Los copos de nieve se deshacían entre los delicados dedos de Mercy.

—¡Tengo que verla! —insistió Mercy—. Aunque sólo sea por un momento, madre. No puedo perderme la primera nevada.

Se necesitó una esmerada preparación como si se tratara de un largo viaje. Dos pares de calcetines de lana para pisar el frío suelo, el chal azul enrollado, bien ajustado alrededor de sus orejas y un pesado edredón que la envolvía desde la cabeza hasta los pies. Formaron una pequeña procesión. Rachel y Judith sostenían a la inválida por ambos codos y Kit iba detrás sujetando las puntas del edredón que se arrastraba por el suelo. Cruzaron la habitación muy lentamente hasta la ventana y Mercy, que se encontraba muy débil, se sentó en una silla y apoyó su barbilla contra el marco de la ventana.

Afuera, la tarde gris estaba salpicada por una blanca ventisca. Una fina y nívea polvareda se había acumulado ya en los surcos de las roderas de los carros en la carretera. Los copos caían suavemente desapareciendo al rozar los montones de hojas oscuras y revoloteaban en forma de pequeñas espirales fumosos.

—No hay nada en este mundo que me guste tanto como la primera nevada —suspiró Mercy con una expresión de adoración.

—No comprendo por qué —dijo Judith con espíritu práctico—. Significa que apenas puedes poner un pie afuera hasta la primavera.

—Ya lo sé, pero es muy bonito y hace que la casa parezca tan calentita y acogedora... ¡Pensar que Kit nunca ha visto la nieve! ¡Ve hasta la puerta, Kit! Y siéntela por mí.

Obediente, Kit se acercó a la puerta y salió. Los blancos copos le provocaron una extraña confusión delante de sus ojos; le acariciaron las mejillas como diminutos pétalos de flores y se enredaron entre sus pestañas. Por un momento su corazón se llenó de alegría con un amago de la exaltación de Mercy. Luego, la fría humedad traspasó sus finas zapatillas y la hizo temblar.

No estoy segura de que esto me guste, pensó. Por un lado es curioso y precioso, pero por otro la nieve convierte todo lo de más en oscuro y de alguna forma me hace sentir aislada. En algún lugar, más allá de esta interminable cortina blanca, crecen hojas verdes y flores bajo el sol brillante. ¿Volvería a verlas otra vez?

A la mañana siguiente sus miedos fueron barridos por un arrebato de admiración. Bajo un cielo sin nubes se extendía un universo reluciente esculpido en un deslumbrante coral blanco, irreal y silencioso, que quitaba la respiración. Cada señal cotidiana estaba alterada. No había ni un solo trazo de vida o de movimiento. Era como si sus ojos fueran los únicos que contemplaran aquella pureza y aquella perfección.

Entonces, mientras miraba, un ser viviente se atrevió a inmiscuirse en aquel paisaje virgen y salvaje. Por la alfombra blanca que había sido la calle mayor avanzaban cuatro bueyes hundiéndose hasta las rodillas arrastrando tras ellos un pesado arado. La nieve caía de la gran cuchilla como una ola gigantesca.

—Están despejando la carretera —explicó Judith—. Ahora podremos ir a la iglesia.

Aquella noche, por primera vez desde la detención de Kit, William vino a visitarla. Explicó que se había mantenido alejado de la casa por consideración hacia la enferma. Preguntó cortésmente acerca de la salud de Mercy y ella le sonrió desde la cama en donde se hallaba sentada y reclinada contra unos almohadones de plumas.

Rachel, un poco nerviosa, le acercó una silla. Del otro lado del hogar se encontraba Kit concentrada con la rueca de hilar. Había sustituido a Mercy en esta tarea y lentamente dominaba el arte de devanar un hilo uniforme. Se necesitaba concentración y una mano firme. En aquel momento, el zumbido de la rueca casi no se alteró al levantar la vista con una seria mirada. Los ojos de William parpadearon, apartándose hacia las llamas del fuego. Fue Judith la que inició la conversación. Estaba realmente amargada por su obligada ausencia a las funciones y lecturas religiosas en la iglesia. Ahora, quería saber todo lo que había sucedido, cuál de sus amigos estaba repuesto y correteando ya y cuándo se celebraría la fiesta de trineos.

—Espero que John vuelva pronto —dijo suspirando—, la boda de Thankful Peabody es en diciembre y no soportaré que no esté aquí para esta ocasión.

—En el pueblo comentan que no se sabe nada del destacamento desde que se detuvieron en Hadley. En Deerfield Way los indios han atacado de nuevo.

Judith dejó de tejer y miró a William fijamente. Mercy apoyó su cabeza en las almohadas y cerró los ojos. La tía Rachel, alarmada, se puso de pie de un salto.

—Me sorprende que divulgues estos rumores, William —le dijo en tono de reproche—. Dicen que si no hay noticias, es que hay buenas noticias. Ya es hora de que Mercey se vaya a dormir. Está más pálida que una sábana —dijo. Luego, dudando, añadió:

—Kit, William y tú si queréis podéis encender el fuego en el salón.

Kit no alzó la mirada de la rueca.

—Se necesitarían montones de leña para calentar la habitación antes de medianoche —observó.

William cazó la indirecta y se puso el pesado abrigo y el sombrero de piel de castor. Kit no se hubiera levantado para nada, pero Rachel, dándole un codazo muy significativo, le puso entre las manos un candelabro y Kit se vio obligada a acompañar a su pretendiente hasta la puerta.

Ya en el recibidor, William no parecía tener prisa. Tanto se rezagaba que Kit se sintió forzada a cerrar la puerta para que la helada corriente de aire no entrara en la cocina.

—Te he añorado, Kit —dijo William finalmente—. Tenía que regresar.

Kit no dijo nada.

—No pareces muy contenta de verme.

¿Cómo podía decir una muchacha que hubo un tiempo en el que había deseado verle con todas las fuerzas de su corazón? Además, en la mente de William se escondía algo más.

—No quiero que pienses que te guardo rencor alguno, Kit —dijo torpemente—. Todo el mundo sabe que lo hiciste con buena intención. No hacen más que comentar por todo el pueblo lo mucho que has ayudado a tu tía estas últimas semanas. Te prometo que cuando vayas, encontrarás que todos están dispuestos a olvidar y podrás volver a empezar.

Kit miró la punta de las grandes botas de William.

—¿Qué quieres decir con volver a empezar? —preguntó quedamente.

—Quiero decir que ya ha pasado todo. La viuda Tupper se ha marchado y ya no tendremos que ver más a la niña Cruff. ¿No estás de acuerdo, Kit, que a partir de ahora sería importante utilizar un poco más de juicio en lo que se refiere al trato con la gente?

—Claro, no estoy hablando en contra de la caridad —continuó al ver que la boca de Kit se abría para protestar—. Tenemos que cuidar de los pobres, pero tú, Kit, te excediste un poco.

—¡Pero no lo hice por caridad! —explotó Kit—. ¡Hannah y Prudence son mis amigas!

—Esto es justamente a lo que me refiero. Se nos juzga por las compañías que elegimos. Y, en nuestra posición, la gente nos mira como un ejemplo a seguir sobre lo que está bien y lo que está mal.

—¿Y yo tengo que dar ejemplo dándole la espalda a mis amigas? —Los ojos de Kit soltaban destellos.

—¡Oh, Kit! —suplicó William en tono entristecido—. No era mi intención discutir contigo esta noche. Pero intenta verlo desde mi punto de vista. El no saber nunca qué es lo que va a hacer tu mujer puede llegar a poner a un hombre en una situación incómoda.

—Y el no saber cuándo una mujer puede contar con su marido también puede ponerla muy incómoda a ella —respondió Kit sin emoción.

William tuvo el detalle de sonrojarse pero no dio su brazo a torcer.

Un mes atrás, el genio de Kit se hubiese alterado, pero ahora se dio cuenta, de pronto, de que William no podía realmente hacerla enfadar. Aquella noche en la orilla del río y aquella otra eterna noche en la cabaña del condestable había tenido mucho tiempo para pensar. Nunca había tomado una decisión conscientemente, pero en este momento, ahí estaba la decisión, irrevocable.

—Es inútil, William —dijo repentinamente—. Tú y yo nunca estaremos de acuerdo el uno con el otro. Siempre estaremos deseando que el otro sea diferente y nos decepcionaremos cuando esto no sea así. Por mucho que lo intente, sé que nunca podré preocuparme por las cosas que a ti te parecen importantes.

—¿La casa no es importante para ti? —preguntó William pausadamente.

—Sí, de algún modo sí que lo es —admitió Kit—. Me gustaría vivir en una casa bonita pero no a condición de ser un ejemplo. No, si esto significa que no puedo elegir a mis propios amigos.

William también había estado pensando. No parecía sorprendido, únicamente desolado.

—A lo mejor estás en lo cierto, Kit —dijo dándole la razón—. Durante todo este año he tenido la esperanza de que te olvidaras de tu extraña manera de ser y aprendieras a encajar aquí. Si me indicaras que vas a intentarlo...

Ella sacudió la cabeza.

—¿Entonces eso quiere decir que no debo volver?

—Es inútil, William —repitió Kit.

Ya junto a la puerta, William se volvió con un rostro preocupado e infeliz. En sus ojos sólo había un ligero amago de aquella mirada que Kit había observado aquella primera mañana fuera de la iglesia. En aquel instante Kit supo que sólo con decir una palabra o alargar la mano todo volvería a ser como antes. Pero no dijo nada y, en aquel momento, William abrió la puerta y se marchó.

Ahora, los largos atardeceres frente a la chimenea rara vez se veían realzados por alguna visita. Durante horas interminables, el zumbido de la rueca y la vibración del telar constituían el único sonido. Excepto durante el saludo formal de los días de función y en el día de la lectura, Kit no volvió a ver a William hasta el día de la boda de Thankful Peabody.

Aquella boda fue la primera festividad que Wethersfield celebró desde la epidemia. Jóvenes, viejos y niños llegaron a la espaciosa casa de los Peabody a través de la nieve que les llegaba a la cintura, montados en trineos o sobre raquetas. Estaban contentos de abandonar el trabajo y la ansiedad de las pasadas semanas y se encontraban listos para disfrutar de aquel festejo junto a la feliz pareja. La fiesta, que se había divulgado a través del boletín de anuncios, sería el tema de conversación durante mucho tiempo. Había tartas de manzana y de arándanos secos y bizcocho con frutas troceadas. Pequeños pastelillos de especias con azúcar de jarabe de arce y frutos secos confitados, garrafas de sidra de manzana dulce y grandes jarras de una bebida humeante para los hombres.

—Siete pasteles de distintas clases —contó Judith solapadamente—. Yo nunca tendré algo así en mi boda.

Kit apenas la escuchó. Estaba pensando en la última boda a la que había asistido en Barbados. ¿Había pasado ya un año? Si cerraba los ojos, podía ver la larga mesa vestida de damasco con la cubertería de oro y plata. El banquete había durado cuatro horas. La luz de los candelabros de cristal hacía resplandecer los galones dorados y las joyas. Unos grandes ventanales se habrían hacia unos montículos de parterres muy bien cuidados y la brisa del mar llenaba la habitación con el aroma de las flores. Una casi intolerable soledad invadió a Kit aislándola de aquella alegre multitud. Se sintió llena de una inquietud que no podía comprender. ¿Qué era lo que la acuciaba con ese deseo de regresar? ¿Se trataba del lejano recuerdo de la elegancia y la belleza o era simplemente la mirada en los ojos de Thankful mientras se hallaba allí, de pie, radiante, vestida con su lustroso traje de novia de color rosa escuchando los brindis que se hacían por su futuro?

Kit y Judith, cada una de ellas perdida en sus propios pensamientos, permanecían juntas, cerca de una pared, incapaces de participar de los gozosos deseos de buena suerte para aquella unión. Desde el otro lado de la habitación, William las observaba con expresión grave sin moverse de su sitio.

Cuando los novios se marcharon en su trineo hacia la nueva y acogedora casa que los aguardaba, los invitados regresaron a las mesas repletas de manjares. Dos violinistas iniciaron una alegre melodía y algunos de los jóvenes más atrevidos se pusieron a bailar. Nadie prestó atención a los dos tardíos invitados que aparecieron en el umbral de la puerta dejando entrar una ráfaga de viento helado hasta que, de pronto, una mujer gritó y se echó en brazos de la figura cubierta de nieve. Entonces se interrumpió abruptamente la música, las risas se acallaron y todos se apelotonaron alrededor de los recién llegados.

Se trataba de dos hombres de Wethersfield que habían regresado de Massachusetts tras formar parte del destacamento de las milicias. La historia que contaron puso un triste punto final a aquella tarde. De una sección de veinte soldados sólo habían regresado ocho a Hartford. Justo al sur de Hadley y antes de que pudieran llegar a Deerfield habían sufrido una emboscada de los indios, que los habían atacado salvajemente con flechas y rifles franceses. Cuatro hombres habían muerto en el acto y otros dos habían fallecido de camino a casa a causa de las heridas recibidas. Al resto, los habían rodeado y algunos fueron hechos prisioneros. Los supervivientes intentaron seguir a los indios durante algunos días hasta que una fuerte nevada les impidió continuar. Habían encontrado en el sendero el cuerpo escalpado de uno de los cautivos y, con aquel clima infernal, se desvanecieron las esperanzas de que los otros prisioneros hubieran sobrevivido. Así pues, dieron media vuelta y emprendieron el regreso avanzando penosamente por la nieve y, justo al llegar a Hadley, se recrudecía la tormenta.

Con expresión muy seria, los invitados se apretaron aún más alrededor de los recién llegados. No, ningún hombre de Whetersfield había muerto, pero uno de los cautivos era aquel joven que estudiaba con el doctor, un tal John Holbrook.

Entre el alivio y el horror, unos cuantos se percataron del desmayado lamento que provenía de Judith y vieron cómo se tambaleaba y caía al suelo. Kit y Rachel corrieron hacia ella pero fue William el que llegó primero y levantándola con sumo cuidado la instaló junto al fuego. Y también fue William quien más tarde la sentó en su trineo, la arropó cuidadosamente y la llevó a casa.

Durante las semanas que siguieron, Kit, mirando a Judith, empezó a comprender que la sombra gris que era ahora su tía Rachel, pudo haber sido en su momento la capitana de un ejército. La desesperación había borrado el color y la viveza del rostro de Judith, y, sus preciosos rasgos, se habían convertido en una máscara petrificada. A Kit le dolía verla así. Pero todavía sentía más compasión por Mercy, que no podía expresar su dolor ni soltando una lágrima ni hablando. ¿Podrían las escasas fuerzas de Mercy soportar aquel peso? Rachel se preocupaba al ver que su hija no mejoraba, y revoloteaba alrededor de la lumbre confeccionando brebajes nutritivos que Mercy intentaba tragar obedientemente. Paradójicamente, el dolor había perfilado el rostro de Mercy confiriéndole una belleza que antes no poseía. En el fondo de aquellos ojos de color gris claro todavía brillaba una luz.

¿Debía decírselo?, se preguntaba Kit. Desde luego ahora Mercy tenía el derecho de saber que John la amaba. Pero viendo el aplomo de Mercy, Kit encontraba la paciencia suficiente para resistirse a su propio impulso. Llegaría el día en que Mercy lo sabría.

Pasaron las Navidades desapercibidas por falta de celebraciones. En aquel pueblo puritano apenas se celebraban; no había ni fiestas ni regalos. El día de Navidad transcurrió como otro día cualquiera lleno de trabajo y Kit no dijo nada, avergonzada de que en aquella sombría casa pudiera siquiera recordar lo que eran unas pascuas inglesas felices.

Enero y febrero pasaron arrastrándose lentamente. Era el invierno más duro que la gente del pueblo recordaba. Los ancianos sacudían la cabeza rememorando tormentas de su infancia, pero para Kit era totalmente imposible imaginar nada más desolador que la experiencia de este primer invierno. Ya no veía ninguna belleza en aquel mundo amortiguado por el blanco elemento. Odiaba aquellos interminables días en los que permanecía prisionera sin ver a través de las ventanas más que una pálida cortina de color gris pálido o las ventiscas amontonando la nieve delante de la puerta de la casa, a veces hasta la altura de la cintura, y, entonces, era preciso abrir un pequeño sendero hasta el pozo que tomaba horas de trabajo duro y te rompía la espalda. Odiaba las corrientes de la casa y los perpetuos olores a pelo de animal mojado que provenían de la pesada ropa tendida frente al fuego. Cada noche temblaba sólo de pensar en el momento de subir su dormitorio, que por todo confort tenía un pequeño calentador para las camas. Pero a pesar de su impaciencia ante aquellos eternos días encerrada en casa, todavía le horrorizaban más los días en los que había que salir. Le molestaban los arduos preparativos para ir a la iglesia, las pesadas botas de cuero, las gruesas medias de lana que se calzaban encima de las botas, los pequeños e incómodos calentapiés que tenían que acarrerar durante todo el camino y se solían enfriar antes de que finalizara el sermón, quedándose uno sentado con un dolor que aguijoneaba las manos y los dedos de los pies mientras el aliento de toda la congregación surgía como el humo de un conjunto de pipas.

¿Cómo había podido resistir Hannah?, se preguntaba Kit tiritando de frío, sola en aquella cabaña con el viento rugiendo fuera y sin nadie con quien hablar durante semanas enteras si exceptuamos la gata y las cabras. Tenía la esperanza de que en casa de la abuela de Nat hubiera una buena chimenea y su propio corazón se calentó al pensar en aquellas dos mujeres compartiéndola juntas.

Luego, sus inquietos pensamientos divagaron hacia el *Delfín*. Nat le había ofrecido llevarla con él. ¿Qué hubiera pasado si hubiese aceptado su proposición? Y si no hubiera vuelto a casa de su tío, ¿alguien lo hubiese sentido realmente? Ahora podría estar ya en Barbados. En este preciso momento podría estar... La escoba que sostenía su mano o el pedal bajo su pie se detenían mientras, en su imaginación, caminaba por la avenida hasta la mansión de su abuelo y subía hasta la gran terraza sombreada. Pero ella intentaba rechazar aquel sueño. Aquel soñar despierta era una de sus debilidades. La casa, sin embargo, había sido vendida, ella estaba en Nueva Inglaterra y a lo mejor el ofrecimiento de Nat no había sido en serio.

Una noche se despertó de un sueño tan nítido que parecía realidad. Nat y ella se encontraban uno al lado del otro en la cubierta del *Delfín* contemplando cómo la familiar proa surcaba suavemente las aguas color turquesa. Silenciosamente llegaron al puerto adornado con palmeras y saturado de olores de los capullos de las flores, y la felicidad irradiaba como los rayos del sol y la envolvía a ella suavemente llenando su corazón hasta inundarlo.

Se despertó en medio de una oscuridad helada. ¡Quiero volver!, admitió finalmente sollozando. ¡Quiero regresar a casa donde crece la hierba verde y no volver a ver más nieve en lo que me queda de vida! Las lágrimas que le quemaban los párpados se congelaron instantáneamente sobre la almohada. Echada junto a Judith, tensa, tomó una resolución.

Después de este incidente y durante los días aburridos que siguieron, retuvo su sueño muy apretado contra su corazón. A veces, inducida por la inquietud, le hablaba a Mercy de Barbados.

—Una vez, cuando era pequeña —decía por encima del zumbido de la rueca—, mi abuelo me llevó a ver una cueva. Tenías que ir cuando la marea estaba muy baja y, cuando la ola golpeaba la roca, provocaba como una cortina de agua a través de la abertura de la cueva. Pero dentro había una gran calma y el agua estaba transparente como el cristal. El fondo era como un jardín hecho de rocas de colores y en el techo de la cueva había unas formas extrañas colgando como esos carámbanos del exterior de la ventana. Sólo que aquellos eran de color verde claro, anaranjados y rosas. Era tan bonito, Mercy...

Mercy miraba el melancólico rostro de Kit y sonreía comprensiva. Mercy lo sabe, pensó Kit. Cuando les diga que he tomado la decisión de volver, no intentará retenerme. Lo sentirá, creo, pero, sinceramente, ¿no se sentirán todos ellos un poco aliviados?

A veces, con toda sinceridad, Kit se preguntaba si no ayudaría más a la familia marchándose. ¿La ayuda que brindaba a su tío y a su tía era suficiente para pagar las molestias que les causaba y para paliar el indiscutible hecho de que ella fuera otra persona más a alimentar y a vestir? Aunque nunca nadie hizo la más leve insinuación, la pura verdad era que, hasta hacía poco tiempo, las dos hijas de la casa habían estado bien mantenidas, y ahora era muy probable que pudiera llegar a haber tres solteronas en aquel hogar de los Wood.

¡No!, rectificó, Judith no sería nunca una solterona. Kit había observado la expresión del rostro de William en la iglesia y sabía que estaba esperando tan sólo el momento oportuno. Y Judith, a pesar de su mirada abatida, se había dado perfecta cuenta de ello. Judith pertenecía a aquella casa nueva de la calle ancha. En el fondo de sus corazones, los tres, ella, William y Judith lo habían sabido desde hacía mucho tiempo. Ahora, únicamente se necesitaba tiempo para aquella unión que Kit y John Holbrook habían interrumpido.

Durante el mes de marzo el pueblo quedó enterrado por un nuevo temporal de nieve. Los días transcurrían uno tras otro como interminables hilos de un telar. Aunque el frío no cedía, las horas de luz de día se hacían perceptiblemente más largas. Cada atardecer los candelabros se encendían un poco más tarde.

Una tarde, Judith acababa de prender el candelabro de latón que se encontraba sobre la mesa y las chicas, que habían acercado la mesa al fuego para cenar, estaban ultimando los preparativos cuando alguien llamó a la puerta.

—Ve a ver quién es —dijo Rachel distraída—, no puedo dejar de remover esta harina.

Kit se dirigió a la entrada, dejando tras ella la puerta de la cocina abierta, corrió la aldaba y abrió. En el último escalón se encontraba una demacrada y harapienta figura y, al apartarse Kit, un hombre entró y se abrió paso hasta detenerse bajo el dintel de la puerta de la cocina. De pronto, Judith dejó caer con un ruido el cuenco de madera que sostenían sus manos.

Rachel, secándose las manos en el delantal, se aproximó atisbando a través de la tenue luz.

—¿Es posible que sea... John? —dijo temblorosa.

El hombre ni siquiera la oyó. Su mirada estaba fija en Mercy, que se hallaba sentada junto al fuego y cuyos enormes ojos, que iluminaban su pálido rostro, le miraron fijamente. Luego, con un ronco suspiro, John Holbrook cruzó la habitación tambaleándose y cayó de rodillas enterrando su rostro en el regazo de Mercy.

Capítulo 21

En un día de lectura del mes de abril se anunciaron en la iglesia dos casamientos. El de John Holbrook con Mercy Wood y el de William Ashby con Judith Wood.

En la casa de los Wood había trabajo desde el amanecer hasta la medianoche. Había mucho que hacer si querían que todo estuviera listo para la doble boda que estaba fijada para primeros de mayo. Existía aquel asunto vital de las dotes. Judith había ido acumulando ropa de casa desde pequeñita, añadiendo de vez en cuando alguna prenda que otra, y su telar y su aguja siempre habían estado muy activos. En cambio Mercy nunca había pensado en hacerse un ajuar. No tenía ni una sola funda de almohada, ni un mantel que pudiera decir que fuera suyo. Ahora, a pesar de que Rachel se quejaba y cosía como una desesperada, Mercy contemplaba aquel problema con indiferencia. ¿Para qué necesitaba un ajuar, se decía con sentido práctico, si no se iba a marchar de casa? Ella y John habían decidido que durante el primer año, por lo menos, estarían mucho mejor compartiendo la espaciosa casa de los Wood. El salón se estaba remozando con una nueva capa de pintura blanca y con cortinas de lino nuevas.

John había reanudado los estudios con el doctor Bulkeley. Todas sus incertidumbres habían desaparecido y su estable visión de las cosas y el tono de su voz revelaban claramente la fortaleza que Kit siempre había intuido bajo su bondad. John había encontrado sus respuestas durante los días de cautiverio, a la espera de una oportunidad para escapar, y durante el penoso camino de regreso por el río Connecticut.

—Siempre he pensado que el doctor Bulkeley es un gran erudito y un gran señor —dijo—. En política obedece a su propia conciencia pero yo creo que está equivocado. Hemos llegado a un entendimiento: él me enseñará teología y medicina pero yo podré pensar como me plazca. En junio, estaré listo para aceptar un destino en una de las pequeñas parroquias que han surgido al sur y al oeste de Whetersfield.

La casa de William en la calle ancha estaba casi terminada. Pieza por pieza, reunía los costosos tesoros que formarían el mobiliario; unos finos armazones de cama torneados a mano y cómodas sillas del experto ebanista de Wethersfield, Peter Blinn. Unos platos de brillante estaño y el juego de cucharas de plata de Boston. Cuencos de porcelana china auténtica y cerámica de color blanco y azul de Holanda. Judith ya sabía dónde pondría cada cosa y cómo cuidar de aquellas joyas para mantenerlas relucientes. William y ella se pasaban las veladas planeando cosas y su felicidad era grata de ver. Kit nunca había encontrado a William tan encantador.

En medio de todos aquellos preparativos, Kit hacía sus propios planes en silencio. No los compartiría con nadie hasta que no estuviera cada detalle cuidadosamente solucionado. Su marcha sería un gran golpe para todos, lo sabía. Rachel y Matthew, a su manera, la miraban como si fuera su propia hija, pero incluso una hija, aunque bien recibida y querida, podía llegar a ser una carga. En aquel lugar no había realmente un sitio para ella. Ahora, con John para ayudar en los campos y Mercy todavía compartiendo el trabajo de la casa, no era imprescindible retener a Kit para hacer las labores que tanto odiaba. Protestarían, incluso se entristecerían, pero en el fondo de sus corazones, ¿no se sentirían aliviados al verla partir?

El hielo del río se rompió en grandes bloques flotantes que fueron menguando gradualmente hasta desaparecer. El transbordador empezó a hacer sus viajes diarios de una orilla a otra desde el embarcadero Smith. Los pequeños botes soltaban sus amarras de invierno y, un día, una muchedumbre alegre y ruidosa se apiñó para dar la bienvenida al primer barco de vela que llegaba después del invierno.

Aquella tarde Kit subió al altillo y revisó los siete pequeños baúles. No los había abierto en todo el invierno. Ahora, abrió uno detrás de otro, y sacó los delicados vestidos sosteniéndolos en alto contra le tenue luz. ¡Cuánto tiempo había pasado, le parecía, desde que se había puesto por última vez aquellos trajes! ¿Era posible que no hiciera ni tan sólo un año? Las sedas, muselinas y gasas todavía relucían intactas y elegantes, y sin lugar a dudas aún estarían de moda. Kit las acarició con melancolía. ¡Con qué gusto se despojaría de los horribles vestidos de lana para volver a sentir la dulzura de la seda contra su piel y notar el roce de las enaguas a cada movimiento!

Pero ahora, aquellos bonitos vestidos tenían que cumplir otro propósito. ¿Recaudaría con su venta lo suficiente para comprarse un pasaje de barco? Una ropa tan delicada como aquélla era algo poco usual en Connecticut. Había oído decir que en muchas familias un vestido así pasaba de generación en generación como si se tratara de algo muy preciado. Seguramente en Hartford, o incluso en Wethersfield, encontraría algunos compradores aunque todavía no había pensado cómo empezar las gestiones.

Al sacar el traje verde pavo real dudó. ¡Qué radiante se veía Judith con aquel vestido! «Si William pudiera verme vestida así...», había comentado. Kit apartó el traje y muy concienzudamente eligió otro de muselina estampado de flores azules. Aquellos dos, los llevaría directamente al tío Matthew y, esta vez, estaba segura de que éste permitiría que sus hijas los aceptaran, porque ahora sabría que el ofrecimiento estaba hecho con amor y no con orgullo.

Todos los planes de Kit giraban alrededor de Barbados. No se hacía ninguna ilusión sobre el futuro que le aguardaba. Ya no regresaría como la nieta de Sir Francis Tyler sino como una mujer sola que tiene que trabajar para ganar su sustento. Lo más factible, pensaba, era encontrar trabajo como institutriz en casa de alguna familia acomodada. Le gustaba enseñar a los niños y con un poco de suerte habría una biblioteca donde poder mejorar sus conocimientos así como los de sus pupilos. Pasara lo que pasara, tendría un cielo azul sobre su cabeza, un clima cálido y el colorido y la fragancia que su corazón tanto anhelaba.

Un día, a mediados de abril, se fue caminando sola por la carretera sur hacia abajo. No podía ir muy lejos pues el río estaba todavía muy crecido por el deshielo. Era tal la inundación que los álamos de las orillas estaban medio sumergidos en el agua y los campos de maíz se habían transformado en interminables lagos. El estanque del Mirlo había sido tragado y la casa de Hannah, si todavía hubiera existido, estaría inundada hasta el tejado de paja. ¡Pobre Hannah!, ¡cómo había podido resistir aquel sufrimiento año tras año contemplando cómo el nivel del agua subía cada vez más, hasta tener que abandonar la casa e irse Dios sabe dónde, a algún granero abandonado, a esperar el cambio de estación para luego volver, cuando el agua se retirara, a fregotear su choza y a reparar de nuevo su embarrado huerto! Kit daba gracias a Dios, como lo había hecho otras muchas veces cuando el viento bramaba y la nieve se acumulaba, de que su amiga estuviera confortablemente instalada en una casa decente. Pero a pesar de todo, sentía una punzada de añoranza. Aquella pequeña cabaña había sido un lugar muy querido para ella.

Se encaramó a una roca que el calor del sol había secado y aspiró una bocanada de aire. Flotaba un olor a tierra que despertó sus sentidos. Los brotes de los sauces eran de un color verde amarillento. Las desnudas ramas de los arces empezaban a mostrar exhuberantes capullos rojos. Un pequeño arbusto cercano había florecido con algo semejante a bolsitas de color gris. Kit, llena de curiosidad alargó la mano para tocar una. Era suave como la piel del gato que Prudence había estrechado entre sus brazos aquella tarde de verano. De pronto, Kit se dio cuenta de que aquella Nueva Inglaterra que le había mostrado el milagro del otoño y la blanca maravilla de la nieve, le tenía reservado un nuevo secreto. Esta vez se trataba de una promesa sutil, una insinuación seductora de belleza todavía retenida, una llamada para que su espíritu siguiera adelante no sabía bien hacia dónde.

Había olvidado que el verano volvería, que el verdor se esparciría sobre los helados campos, que la tierra se expondría al sol y crecerían las semillas y que las praderas se renovarían a sí mismas. ¿Era esto lo que les confería a aquellas gentes de Nueva Inglaterra las fuerzas para resistir el invierno, el conocimiento que el retorno del verano sería más rico después de la larga espera?

Sin embargo, la brisa de la primavera también traía una cierta tristeza más aguda quizás que toda la soledad del invierno. Aquella promesa no sería para ella. Me marcho, pensó, y por primera vez este hecho no la llenó de ilusión, sólo de una añoranza aún más profunda. Después de todo, no quería marcharse de allí. ¿Y si nunca más volvía a caminar por las praderas? ¿Y si nunca más volvía a sentarse al atardecer con Mercy o no volvía a ver la nueva casa de

Judith o a la mujer en que se convertiría Prudence? ¿Y si nunca más volvía a ver a Nat?

De pronto se puso a temblar. Alejó bruscamente de su mente aquel sueño que había alimentado durante tanto tiempo. Era un sueño marchito y poco consistente, como una carta que se lee demasiadas veces. Intentó recordar cómo se sentía estando de pie en la cubierta del *Delfín* contemplando frente a ella el puerto de Barbados. La acuciante felicidad se desvaneció; las fronteras del sueño eran borrosas e ideales. ¿Por qué había cerrado los ojos al verdadero sentido de aquel sueño? ¿Cuánto tiempo hacía que sabía realmente que la punzante felicidad de aquel momento no era por la visión del puerto sino por la certeza de que la persona a la que amaba estaba a su lado?

Si pudiera ir con Nat, comprendió de pronto, no importa a dónde, si a Barbados o río arriba y río abajo, el *Delfín* sería suficiente hogar para mí.

«Si no hay amor, no hay escapatoria posible», había dicho Hannah. ¿Lo sabía Hannah incluso cuando ni siquiera ella misma lo sospechaba? No era en una escapatoria en lo que ella había soñado, era en un amor y el amor era Nat.

Ha debido ser Nat desde el principio, admitió ahora, y con este conocimiento tuvo la seguridad de que durante aquel desconcertante año nunca lo había sabido. Ahora, los recuerdos de Nat volvían a ella de forma precipitada: ágil y seguro como lo había conocido, inclinándose sobre un penol para agarrar la ondulante vela que daba bandazos impulsada por el viento, el recuerdo de aquel gesto suyo de echar la cabeza hacia atrás al reír, o lanzando chispas de mal genio, o él sentado en el tejado de paja al sol o apareciendo milagrosamente de entre las brumas aquella mañana, o agachándose solícito para ayudar a subir al bote a aquella vieja asustada, o de pie, bien erguido en el dintel de la puerta de la oficina del magistrado enviándole a través de la confusión y la furia una constante mirada tranquilizadora y de fortaleza.

Nat también forma parte de Nueva Inglaterra, pensó, como John Holbrook y el tío Matthew. ¿Cómo no me había dado cuenta de que es uno de ellos? Bajo aquellas maneras desenvueltas suyas, está hecho de la misma roca. Hannah se apoyó en ello durante años y yo me negué a verlo.

¿Era ya demasiado tarde? Me pidió que fuera con él, recordó

Kit. Pero, ¿qué quería decir con eso? ¿Era sólo porque no podía ver a alguien en peligro? Y regresó. Se arriesgó a que le azotaran para venir en mi ayuda. Pero, ¡corrió el mismo riesgo para rescatar al gato amarillo!

Después de mucho tiempo, Kit emprendió el regreso a casa. El sol empezaba a ponerse. Detrás de ella surgió una dulce y perturbadora melodía. Son las crías de las ranas, había dicho Judith, las pequeñas ranas que viven en los pantanos, y, ¿por qué aquel sonido que emitían tenía que desgarrar su corazón?, ¿demasiado tarde?, ¿demasiado tarde?, croaban una y otra vez y Kit huyó por la carretera hasta su casa en donde podía cerrar la puerta tras ella y escapar de aquel sonido.

Desde que experimentó aquellas vivencias en las praderas, Kit dejó de hacer planes. Únicamente esperaba. De alguna forma se las había arreglado para ir a ver todos los barcos que llegaban río arriba. ¡Qué bonitos eran aquellos orgullosos y pequeños veleros! Era incapaz de contemplarlos con sus velas extendidas sin que su espíritu buscara en ellos una respuesta. Y sin embargo, cada nuevo mástil que asomaba por el recodo del río la sumergía de nuevo en la desilusión. Siempre esperaba aguzando la mirada para ver una figura en la proa y, siempre, al atisbar aquellas extrañas y brillantes figuras de cabezas blancas, su corazón se sumía en la tristeza. ¿Por qué no venía el *Delfín*?

El segundo día de mayo, al llegar Kit al embarcadero de Wethersfiels había ya atracado una pequeña y cuidada embarcación. Estaba recién pintada y sus velas eran blancas e inmaculadas, y sin un solo crustáceo adherido a su casco. Debía estar recién botada.

En la cuberta tenía lugar un gran ajetreo de descarga y un sinfín de transacciones. Un marinero vestido con un abrigo azul se agachó para comprobar una hilera de barriles y, al erguirse, incluso antes de darse la vuelta y reconocerlo, Kit echó a correr.

—¡Nat!

Su saludo fue completamente incontrolado. Él se dio la vuelta y la vio y luego también echó a correr hacia ella. Al cogerle las manos ella se paró y el muelle, el barco y el propio Nat se tambalearon frente a ella como el vaivén de una ola.

—¿Kit?, ¿eres Kit, verdad? ¿No la señora Ashby?

—¡Oh, no, Nat! ¡No!

—¡Pensé que el viejo *Delfín* nunca llegaría!

Aquella mirada azul era demasiado intensa. Ella tuvo que desviar sus ojos y de pronto fue consciente de que el muelle estaba lleno de gente. Retiró las manos de entre las de Nat y dio un paso atrás intentando, demasiado tarde, recobrar su dignidad.

—¿Có... cómo está Hannah? —tartamudeó.

—Más alegre que unas pascuas. La abuela y ella se hacen mucha compañía.

—¿Y el *Delfín*? ¿Le ha pasado algo?

—No, sólo fue un temporal muy fuerte. Está reparándose en el astillero. ¿Qué te parece el nuevo queche?

—Es precioso.

Luego, algo en su tono de voz hizo que Kit lo mirara más intensamente. El tabardo azul con los botones dorados era completamente nuevo y el orgullo resplandecía en la cara de Nat como la nueva pintura de la embarcación.

—Nat... ¿Quieres decir que...? ¿No me vas a decir que es tuyo?

—Íntegramente, sólo me quedan por hacer unos pocos pagos. Después de comerciar durante un fructuoso verano, será mío, de proa a popa, pulgada a pulgada.

—¡No me lo puedo creer! ¡Es precioso, Nat...! ¡Incluso más bonito que el *Delfín*!

—¿Has observado cómo se llama?

Kit se inclinó para leer las vistosas letras pintadas en la popa.

—¡La *BRUJA*! ¿Cómo te has atrevido? ¿Lo sabe Hannah?

—¡Oh, no se llama así por Hannah! Aquel día, no había navegado aún ni diez millas río abajo cuando comprendí que la que había dejado atrás era la verdadera bruja.

Kit no se atrevió a mirarle a los ojos.

—¿Me lo enseñas, Nat? —dijo únicamente—. ¿Me llevas a bordo?

—No, todavía no —su voz era muy decidida—. Primero quiero ver a tu tío, Kit... —Sus palabras surgieron de forma espontánea—. ¿Le parecerá suficiente... este nuevo queche? Algún día tendremos una casa en Saybrook o si lo prefieres aquí en Wethersfield. He estado pensando en esto todo el invierno. En noviembre navegaremos hacia el sur, a las Indias. En verano...

—¡En verano Hannah y yo tendremos un huerto!

—Kit... —Nat echó una melancólica mirada hacia el muelle—. ¡De todos los lugares que se pueden elegir...! Yo no lo había planeado así. ¿No me vas a invitar a tu casa?

La felicidad resplandeció a través de una sonrisa vacilante.

—Capitán Eaton, estaremos muy orgullosos de invitarlo a cenar con nosotros.

—¿Podemos marcharnos de aquí, entonces?

Ella se colgó del brazo que le ofrecía Nat pero todavía dudó mirando hacia atrás.

—¡Quiero ver el queche! ¡Por favor, Nat, enséñamelo antes de ir a casa! ¡No puedo esperar más para ver a mi tocayo!

—No —repitió Nat conduciéndola hacia la carretera—. Este queche tiene una vida propia. Lleva siempre la contraria como la misma bruja. Durante toda la travesía río arriba ha estado, de alguna manera, retrasándose, esperando. Ahora, los dos tendréis que esperar. No voy a desilusionarte, Kit. Cuando te lleve a bordo de la *Bruja* será para siempre.